Marmeladen, Gelees & Chutneys

Ghillie James

Marmeladen, Gelees & Chutneys

Mit 100 Genießerrezepten durchs Jahr

Mit Fotografien von Laura Hynd

Aus dem Englischen von Franziska Weyer

edition styria

Für drei inspirierende Frauen: meine beiden Großmütter Margaret und Isobel (Sybil) und meine Mutter Jane. Aber ebenso auch für Andrew, William und unser Baby Jemima.

Die Originalausgabe mit dem Titel *Jam, Jelly & Relish*
wurde erstmals 2010 im Verlag
Kyle Cathie Limited
23 Howland Street
London W1T 4AY
publiziert.

Einbandgestaltung: Jim Smith/www.buero-jorge-schmidt.de
Buchdesign: Jim Smith
Satz: lithotronic media GmbH, Dreieich

Printed in China

ISBN 978-3-99011-027-0

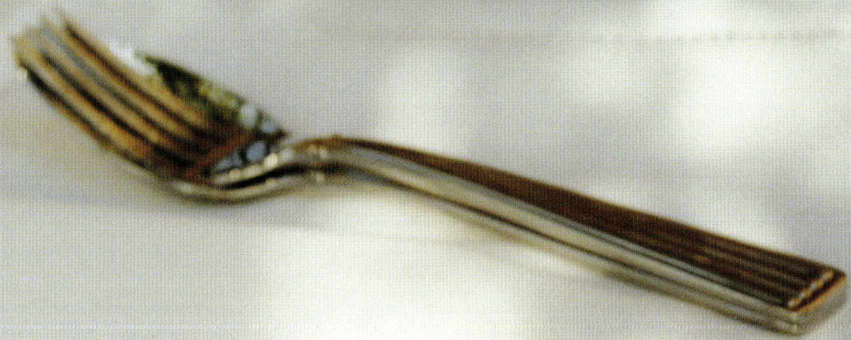

Inhalt

EINLEITUNG: VOM KLEBRIGEN GESCHÄFT DES EINMACHENS

An einem Küchentisch zu sitzen und ein Glas mit einem handgeschriebenen Etikett, dessen Inhalt offensichtlich selbst eingemacht wurde, zu erblicken, vermittelt mir stets das gute Gefühl, mich in einem Haus zu befinden, in dem gut gekocht und dem Genuss besonderes Gewicht beigemessen wird. Leider gibt es noch immer viele ambitionierte Köche, die sich noch nie an das Thema Einmachen gewagt haben ..., zumindest bis jetzt noch nicht.

Auch ich habe das lange Zeit gescheut. Ich dachte, es sei mindestens so schwer wie das Ziehen von Zuckerfäden oder das Temperieren von Schokolade – mit anderen Worten eine der Königsdisziplinen des Kochens, die nur wenige beherrschen und an denen viele scheitern. Außerdem war ich der Ansicht, dass man zum Einmachen eine große Zahl teurer Küchengeräte benötige, die anschließend irgendwo im Regal verstauben. Doch auch damit lag ich völlig falsch, denn im Grunde ist Einmachen wirklich kinderleicht.

Mit diesem Buch möchte ich zeigen, dass Einmachen keineswegs eine Kunst mit sieben Siegeln ist, lediglich ein paar durchaus erschwingliche und vielseitig verwendbare Küchengeräte erfordert und zudem längst nicht so zeitaufwändig sein muss, wie man gemeinhin annimmt. Ich habe mich bemüht, komplizierte Fachausdrücke zu vermeiden und auch Zeitvorgaben möglichst auf ein Minimum zu beschränken. Aus diesem Grund enthält dieses Buch einfache Anleitungen, mit denen jegliches Einmachen garantiert gelingt, dazu ein paar wirklich köstliche Rezepte, in denen ganz verschiedenartige Aromen auf schmackhafte Weise miteinander kombiniert werden, und einige neue und ungewöhnliche Einmachideen.

Ich stamme aus einer Familie, in der gutes Essen seit jeher eine große Rolle gespielt hat, und habe daher schon als Zweijährige in der Badewanne mit einer Schüssel, einem Schneebesen und jeder Menge Badeschaum Baisers herzustellen versucht. Inzwischen habe ich eine eigene Familie, und wir essen am liebsten das, was draußen im Garten gerade reif ist. Viele Obst- und Gemüsesorten erfreuen uns leider nur für kurze Zeit – gierige Vögel picken die süßesten und saftigsten Brombeeren weg, und die fade schmeckenden, ganzjährig erhältlichen Supermarkttomaten haben mit den leuchtend roten und aromatisch duftenden Früchten aus dem eigenen Garten nicht das Geringste zu tun.

Was mir beim Einmachen daher ganz besonders gefällt, ist das Gefühl, die besten Aromen jeder Jahreszeit einfangen zu können und im Rhythmus der Natur zu leben. Es genügt, ein Glas zu öffnen, um die ganze Fülle einer Jahreszeit wieder zu schmecken und zu erleben, und es gibt daher nichts Köstlicheres, als mitten im Winter ein Glas Himbeerkonfitüre zum Frühstück auf den Tisch zu stellen, in der das wundervolle Aroma des Sommers mitschwingt.

Wenn Sie glücklicher Besitzer eines Gemüsegartens sind, in dem Sie sich beispielsweise vor lauter Zucchini kaum retten können, oder einfach einen guten Bauernhofladen oder Wochenmarkt in der Nähe haben, wo der Jahreszeit entsprechend frisches Obst und Gemüse preisgünstig angeboten wird, dann ist das eine gute Gelegenheit, Frisches haltbar zu machen. Auf diese Weise tragen Sie auch dazu bei, lange und kostspielige Lebensmitteltransporte überflüssig zu machen – eine Umweltsünde, derer wir uns alle zum Glück ja längst bewusst geworden sind.

Mit kreativen Ideen und Rezepten in diesem Buch möchte ich Sie zudem dazu anregen, Ihre selbst eingemachten Schätze vielfältig zu nutzen. So ist Rhabarberkompott vielleicht nicht jedermanns Sache – wenn sich daraus jedoch im Nu ein leckeres Dessert für eine abendliche Einladung zum Essen zubereiten lässt, dann sehen Sie Ihre Vorratskammer zukünftig vermutlich mit ganz anderen Augen.

Auf jeden Fall wünsche ich Ihnen, dass Sie viel Freude an und mit diesem Buch haben.

KÜCHENGERÄTE UND NÜTZLICHE HINWEISE

Im Folgenden finden Sie eine (hoffentlich) kurze Liste einfacher Regeln und wichtiger Küchengeräte für ein erfolgreiches Einmachen.

Töpfe, Pfannen und Gläser

Im Handel sind zahllose Utensilien und Küchenmaschinen erhältlich, die Ihnen das Einkochen von Marmelade erleichtern sollen - so schwört mein Vater beispielsweise auf seinen Einkochautomaten. Für Anfänger und/oder jene, die einfach ihre Ernte besser nutzen möchten, sind diese Küchengeräte eher überflüssig. Ich habe zwei große Kasserollen (nicht speziell zum Einkochen, aber groß genug für größere Mengen und tief genug, um etwas darin sprudelnd kochen zu können), die ich einfach für alles benutze. Außerdem besitze ich ein Safttuch und einen Einfülltrichter für Marmeladen, die ich beide kostengünstig im Internet erstanden habe (siehe Register Seite 170).

Zur Aufbewahrung benutze ich entweder 500-Milliliter-Weckgläser (und binde zum Verschenken einfach eine hübsche Schleife mit einem Geschenkanhänger darum) oder Gläser, die sich bei mir im Regal im Laufe der Zeit angesammelt haben. Diese müssen allerdings luftdicht verschließbar sein (bei älteren Gläsern sitzt der Deckel häufig nicht mehr so fest oder rostet gar, was dazu führt, dass das Eingemachte verdirbt). Für Eingemachtes, das man heiß abfüllen muss, eignen sich am besten Weckgläser mit Gummiringen, da diese auch hohe Temperaturen im Ofen aushalten.

Die Füllmenge der Gläser wird entweder als Volumen angeben (Weckgläser mit Markierungen für Milliliter und Liter) oder als Gewicht (z.B. in Gramm oder Kilogramm). Das ist aber ziemlich nebensächlich, da das Volumen von einem Milliliter dem Gewicht von einem Gramm entspricht. Bei den Rezepten habe ich immer versucht, die ungefähre Ertragsmenge in Litern anzugeben, bei Marmeladen kann dies jedoch etwas variieren. Wer also die genaue Menge seiner Marmelade wissen will, sollte sie vor dem Abfüllen erst wiegen. Es lohnt sich, leere Gläser im Vorratsschrank zu sammeln, um stets die passenden Größen parat zu haben.

Wenn es darum geht, Obstschalen für die Marmeladen zu schneiden oder Zutaten für Chutneys klein zu hacken, ist eine Küchenmaschine zwar sehr praktisch, aber nicht unbedingt notwendig. Ich besitze eine mit einem Häckselwerk, einer Reibe und einem Messer als Zubehör, doch auch einfache Mixgeräte erfüllen meist ihren Zweck.

Backofentemperatur

Bei den Rezepten ist die Backofentemperatur jeweils in °C und dahinter (in Klammern) in den entsprechenden Gas-Stufen angegeben. Bitte beachten Sie aber zusätzlich unbedingt die Angaben Ihres Backofenherstellers in der Gebrauchsanleitung. Im Zweifelsfall probieren Sie es zuerst mit einer niedrigeren Stufe als im Rezept angegeben.

Gläser sterilisieren

Vor dem Einfüllen ist es wichtig, die Gläser und Flaschen zu sterilisieren, um Mikroorganismen abzutöten, die das Eingemachte verderben könnten. Ich finde die unten beschriebene Ofenmethode am einfachsten, da man während des Einkochens die Gläser bloß auf ein Blech in den Ofen stellen muss, statt sie auszukochen und abzutrocknen oder darauf zu warten, dass die Spülmaschine durchgelaufen ist. Doch natürlich kann man die Gläser auch in einem großen Topf auskochen oder sie in der Spülmaschine bei sehr hoher Temperatur reinigen. Sie sollten dann allerdings vor dem Gebrauch nur kurz an der Luft trocknen, damit sie beim Befüllen noch warm sind.

Um Gläser und Flaschen im Ofen zu sterilisieren, wird dieser auf 150 °C (Gas Stufe 2) vorgeheizt. Die Gläser werden zunächst in heißem Seifenwasser gründlich gespült, mit einem sauberen Geschirrtuch getrocknet und dann auf einem Backblech 5 Minuten im Ofen erhitzt. Anschließend die Gläser aus dem Ofen nehmen, befüllen und luftdicht verschließen, solange sie noch heiß sind.

Einige Gläser und Flaschen haben Deckel mit einer Plastikeinlage, die im Ofen schmilzt. Diese sollte man sterilisieren, indem man sie zunächst ebenfalls mit heißem Seifenwasser spült und dann bis zum weiteren Gebrauch in eine sterile Lösung legt.

Weckgläser, die mit eingekochtem Obst gefüllt werden sollen, müssen vorher nicht abgetrocknet werden. Ich finde es am einfachsten, sie zu sterilisieren, indem man sie gemeinsam mit den Gummiringen in kochendes Wasser gibt und sie dann unmittelbar vor der weiteren Verwendung mit einer Zange wieder heraushebt.

Wachspapier

Wachspapier, kreisförmig zugeschnitten und vor dem Versiegeln der Gläser mit der Paraffinseite nach unten auf das Eingemachte gelegt, beugt Schimmelbefall vor. Es empfiehlt sich, immer fertig zugeschnittenes Wachspapier vorrätig zu haben, um bei Bedarf Marmeladen oder Chutneys damit abdecken zu können. Aber es geht auch ohne. Geraten Sie daher nicht gleich in Panik, falls Sie mal keines zur Hand haben.

Safttücher

Einige Mitglieder meiner Familie benutzen vom Kopfkissenbezug bis zur Strumpfhose einfach alles, um Früchte für die Geleeherstellung zu entsaften. Auch wenn Sie mich vielleicht für extravagant halten - ich finde, es lohnt sich, dafür ein Safttuch mit entsprechendem Halter zu erstehen (siehe rechte Seite). Damit umzugehen ist kinderleicht, nur sollte man daran denken, dass das Gelee vielleicht ein wenig trüb wird, wenn man die Früchte in dem Tuch zu stark ausdrückt.

Beim Einkochen des Fruchtsafts bildet sich an der Oberfläche häufig etwas Schaum. Ist es wenig, lässt er sich einfach mit einem Stück Küchenpapier aufnehmen, größere Mengen sollte man mit einem Löffel vorsichtig entfernen.

Der Gelierpunkt

Marmelade oder Gelee muss lang genug kochen, um eine Temperatur von 104 bis 105 °C zu erreichen, denn erst dann gelieren sie. Daher sollte man die Herdplatte auf die höchste Stufe schalten und das Obst oder den Saft sprudelnd kochen lassen, sobald sich der Zucker aufgelöst hat. An der Oberfläche bilden sich daraufhin kleine Luftbläschen, und es sieht so aus, als ob die einzukochende Mischung regelrecht anschwillt. Dabei sollte sie so lange wie möglich auf hoher Temperatur kochen, natürlich ohne überzukochen und den Herd zu verkleben.

Sollten Sie ein Zuckerthermometer besitzen, dann benutzen Sie es, um herauszufinden, ob der Gelierpunkt schon erreicht ist. Ich persönlich finde es nicht sehr verlockend, über einen heißen, dampfenden Topf gebeugt zu stehen und auf ein Thermometer zu achten, aber vielleicht ist Ihnen diese Methode dennoch lieber als die rechts erklärte Gelierprobe.

Hat das Gelee oder die Marmelade lange genug gekocht, wird die Masse immer sirupartiger. Ein perfekter Moment, um die Gelierprobe zu machen. Ich habe zwar für jedes Rezept ungefähre Zeiten angegeben, doch da diese beispielsweise je nach Topf, Reifegrad und Art der verwendeten Früchte durchaus variieren können, sollten Sie eine Gelierprobe machen, sobald Sie das Gefühl haben, Ihre Konfitüre oder Marmelade könnte fertig sein. Geraten Sie jedoch nicht gleich in Panik, wenn es etwas länger dauert, bis Ihre Konfitüre geliert. Vertrauen Sie einfach Ihrem Instinkt, und machen Sie in aller Ruhe alle paar Minuten einen neuen Test, bis die Konsistenz der Marmelade schließlich doch fester wird. Den besten Zeitpunkt herauszufinden erfordert Geduld. Wenn Sie aber erst einmal mit dem Testen begonnen haben, sollte alles ziemlich schnell gehen.

Marmeladen und Gelees werden nach dem Abkühlen in den Gläsern noch fester und setzen sich, wenn man sie einen Tag kühl stellt.

Die Gelierprobe

- Vor dem Kochen 3 bis 4 kleine Teller oder Untertassen in den Kühlschrank stellen.
- Die Marmelade köcheln lassen.
- Für die Gelierprobe einen kalten Teller aus dem Kühlschrank nehmen und einen Teelöffel Marmelade auf den Teller tropfen.
- Den Teller für 30 Sekunden erneut in den Kühlschrank stellen.
- Anschließend mit dem Finger testen, ob die Marmelade geliert. Sie sollte sich in Falten zusammenschieben lassen.
- Sollte die Probe noch zu flüssig sein, dann die Mischung weitere 3 Minuten kochen lassen und den Test mit einem frischen, gekühlten Teller wiederholen.

Variationen beim Gelieren

Der Zeitpunkt des Gelierens scheint immer leicht zu variieren, egal wie oft ein Rezept getestet wurde – ich kann Ihnen also keine festen Regeln an die Hand geben. Geraten Sie jedoch nicht in Panik! Noch etwas unreife Früchte gelieren besser, da sie mehr Pektin enthalten (das natürliche Geliermittel der Früchte), aber auch verschiedene Sorten der gleichen Obstsorte gelieren unterschiedlich – bei meiner Erdbeermarmelade hat es sogar zwischen 8 und 25 Minuten gedauert!

Nach einigen Fehlversuchen mit Obst, das nur wenig Pektin enthält, habe ich herausgefunden, dass es am leichtesten geht, wenn man fertigen Gelierzucker verwendet, der in den meisten Supermärkten erhältlich ist. Es ist einfacher, als flüssiges Pektin hinzuzufügen, außerdem muss man dann die Marmelade nicht zu lange kochen, bis sie geliert, und das Ergebnis schmeckt einfach aromatischer.

Die Rezepte in diesem Buch sind meist mit recht geringen Zuckermengen gemacht, um ein fruchtigeres Aroma zu erzielen. Ich persönlich mag es nicht, wenn eine Marmelade zu fest und zu süß ist.

Wie merkt man, ob Relishes und Chutneys fertig gekocht sind?

Zum Ende der Kochzeit sollte das Relish oder Chutney am Topfboden eindicken, und man muss häufiger umrühren, damit es nicht anbrennt. Manchmal ähnelt die Mischung dann einem brodelnden Vulkan, und man sollte aufpassen, nicht von der heißen Masse bespritzt zu werden.

Um den besten Gelierpunkt zu ermitteln, fährt man mit einem Holzlöffel durch den Topf und beobachtet, ob er eine Furche hinterlässt, die sich schnell wieder mit Flüssigkeit füllt. Chutneys werden nach dem Abkühlen noch fester und geraten daher leicht zu trocken, wenn man zu lange wartet.

Das Füllen der Gläser

Probieren Sie erst gar nicht, die Gläser mit einem Löffel zu füllen – das dauert Jahre! Ich finde einen Einfülltrichter für Marmeladen am praktischsten, da man ihn einfach mit der Schöpfkelle befüllen beziehungsweise Flüssigkeiten hineingießen kann.

Konservierung und Lagerung

Wenn im Rezept nicht anders angegeben, sollten die luftdicht verschlossenen Gläser und Flaschen stets an einem dunklen, trockenen und kühlen Ort gelagert werden. Auf jeden Fall dürfen sie nicht zu warm oder zu feucht stehen. Geöffnete Gläser sollten im Kühlschrank aufbewahrt werden.

Jahreszeitentabelle

Die folgende Auflistung hilft Ihnen hoffentlich, das Einkochen für das ganze Jahr im Voraus zu planen. Denken Sie jedoch daran, dass die Erntezeiten je nach Wetter etwas variieren können.

Frühlingsbeginn

Ananas
Klementinen
Maracuja
Rhabarber
Unbehandelte Zitronen

Frühling

Brunnenkresse
Erdbeeren
Estragon
Holunderblüten
Mango
Minze
Rhabarber
Rosmarin
Salbei
Spargel
Thymian

Frühsommer

Aprikosen
Basilikum
Erdbeeren
Estragon
Fenchel
Holunderbeeren
Kirschen
Lavendel
Mango
Minze
Möhren
Radieschen
Rhabarber
Rosmarin
Rote Bete
Rote Johannisbeeren
Salbei
Schwarze Johannisbeeren
Spargel
Stachelbeeren
Thymian
Zucchini

Spätsommer

Aprikosen
Basilikum
Brombeeren
Chilischoten
Erdbeeren
Gurken
Heidelbeeren
Himbeeren
Kirschen
Lavendel
Mais
Möhren
Nektarinen
Paprika
Pfirsiche
Pflaumen
Radieschen
Rosmarin
Rote Bete
Rote Johannisbeeren
Reineclauden
Salbei
Schalotten
Schwarze Johannisbeeren
Stangenbohnen
Thymian
Tomaten
Zucchini
Zwetschgen
Zwiebeln

Herbstbeginn

Äpfel
Brombeeren
Birnen
Chilischoten
Gurken
Heidelbeeren
Himbeeren
Möhren
Nektarinen
Pfirsiche
Pflaumen
Radieschen
Reineclauden
Rote Bete
Schalotten
Stangenbohnen
Tomaten / grüne Tomaten
Zucchini
Zwetschgen
Zwiebeln

Spätherbst

Äpfel
Birnen
Himbeeren
Nüsse
Rotkohl
Unbehandelte Zitronen

Winterbeginn

Ananas
Äpfel
Cranberrys
Grapefruit
Klementinen
Nüsse
Rotkohl
Unbehandelte Zitronen

Winterende

Ananas
Cranberrys
Grapefruit
Klementinen
Limetten
Maracuja
Rotkohl
Unbehandelte Orangen
Unbehandelte Zitronen

Frühling

Erdbeer-Rhabarber-Marmelade

Die Kombination aus Rhabarber und Erdbeeren schmeckt köstlich, und da Erdbeeren zu Beginn der Saison noch weniger Geschmack haben als im Sommer geerntete Früchte, ist es gut, sie mit etwas anderem zu mischen. Natürlich kann man den Rhabarber auch einfrieren und dann zusammen mit Sommererdbeeren kochen. Bei Erdbeermarmelade ist es manchmal schwierig, den richtigen Gelierpunkt abzupassen, daher ist meine Zeitangabe lediglich ein ungefährer Richtwert.

Ergibt etwa 1,8 Liter
Mindestens ein Jahr lang haltbar

800 g Rhabarber, geputzt und in 2,5 cm lange Stücke geschnitten
500 g nicht zu reife Erdbeeren, je nach Größe halbiert oder in Scheiben geschnitten
Saft von 2 Zitronen
1,2 kg Gelierzucker 2:1

Sämtliche Zutaten in eine Schüssel geben und gut miteinander vermischen. 2 Stunden ziehen lassen, damit der Saft aus den Früchten austritt.

Die Mischung in einen großen Topf geben und langsam erhitzen, bis sich der Zucker auflöst. Gelegentlich umrühren und bei mittlerer Hitze 10 Minuten sanft kochen, anschließend die Temperatur erhöhen und etwa 15 Minuten sprudelnd kochen lassen, bis der Gelierpunkt erreicht ist. Eventuell etwas mehr Zeit zugeben und erneut eine Gelierprobe machen.

Den Topf vom Herd nehmen und 15 Minuten ruhen lassen. Falls sich an der Oberfläche Schaum gebildet hat, diesen entfernen. Die Marmelade in warme, sterilisierte Gläser füllen und diese luftdicht verschließen.

Rhabarberkompott mit Orange und Ingwerwein

Da sich Rhabarber gut einfrieren lässt, können Sie auch je nach Bedarf tiefgefrorenen Rhabarber zu Kompott verarbeiten. Allerdings ist der Platz in der Kühltruhe ja begrenzt und Zeit kostbar. Mit diesem Rezept lässt sich eine größere Menge Rhabarber auf einmal verarbeiten, und man muss ihn nicht jedes Mal erneut einkochen. Rhabarber, Orangen und Ingwer sind eine köstliche Kombination; der Orangengeschmack passt wunderbar zu dem erfrischenden Rhabarber. Der Ingwerwein lässt sich auch durch Wasser ersetzen. Seien Sie nicht überrascht, wenn der Rhabarber beim Erhitzen etwas an Farbe verliert.

Ergibt etwa 1,5 Liter
Etwa sechs Monate lang haltbar

300–350 g Zucker
Saft von 3 kleinen Orangen
125 ml Ingwerwein
1 kg Rhabarber, geputzt und in 5 cm lange Stücke geschnitten

Benutzen Sie für dieses Rezept große Weckgläser, da sich die Rhabarberstücke dann leichter einfüllen lassen und die Gläser hitzebeständig sind. Den Ofen auf 150 °C (Gas Stufe 2) vorheizen.

Den Zucker und 600 ml Wasser in einen Topf geben und sanft erhitzen, bis sich der Zucker aufgelöst hat. Falls Sie leuchtend rosafarbenen Rhabarber verwenden, reichen auch 300 g Zucker, da er nicht so säuerlich ist. Die Hitze erhöhen und das Zuckerwasser 1 Minute kochen.

Die Gläser 5 Minuten im Ofen erhitzen. Den Orangensaft in den Zuckersirup geben und 10 Minuten köcheln lassen. Anschließend den Wein zugeben und den Herd ausschalten. Die Rhabarberstücke eng nebeneinander in die Gläser füllen und mit dem heißen Sirup bis zum oberen Glasrand auffüllen. Die Deckel auf die Gläser legen, aber noch nicht luftdicht verschließen.

Eine große Auflaufform mit einem Geschirrtuch auslegen, die Gläser mit großem Abstand hineinstellen und die Form 2 cm hoch mit kochendem Wasser auffüllen. Die Form 25–30 Minuten in den Ofen stellen, bis der Rhabarber weich, aber noch nicht zerfallen ist. Die Gläser aus dem Ofen holen und sofort luftdicht verschließen.

SAHNETÖPFCHEN MIT ZITRONE, MARACUJA UND RHABARBERKOMPOTT

Dieses Dessert ist schnell und einfach zubereitet und kann gut im Voraus hergestellt werden. Vor dem Servieren dann nur noch Keksbrösel darüberstreuen. Die Basis ist eine einfache Zitronencreme, unter die etwas Maracujafruchtfleisch gemischt wird. Das darunter versteckte Rhabarberkompott ist eine erfrischende Überraschung und sorgt dafür, dass der Nachtisch nicht zu schwer wird.

Für 6 Personen

600 g Crème double
110 g Zucker
Saft von 2 Zitronen
Fruchtfleisch von 2 Maracujas
375 g Rhabarberkompott mit Orange und Ingwerwein (siehe linke Spalte) oder 6 gehäufte EL frisch eingekochtes und gesüßtes Rhabarberkompott
3 Ingwerplätzchen

Sahne und Zucker in einen Topf geben, aufkochen und 3 Minuten kochen lassen.

In einer Schüssel Zitronensaft und Maracujafruchtfleisch miteinander verrühren. Die Mischung in die noch heiße Sahne einrühren und 15 Minuten ruhen lassen. In der Zwischenzeit mit dem Rhabarberkompott den unteren Teil von sechs Dessertgläsern (à 150 ml) füllen.

Langsam die Sahne darübergießen und 2–3 Stunden kalt stellen.

Die Kekse entweder in der Küchenmaschine zerkleinern oder in eine Plastiktüte füllen und mit dem Küchenroller zerstoßen. Vor dem Servieren die Kekskrümel über die Sahnetöpfchen streuen.

Holunderblütensirup

Wenn ich Holunderblütensirup mache, muss ich immer an mein Patenkind Alice denken, denn auch am Tag ihrer Geburt habe ich gerade Holunderblüten eingekocht. Mit etwas Sprudelwasser macht dieser Sirup geradezu süchtig, außerdem ist er eine himmlische Bereicherung für viele sommerliche Cocktails, wie z. B. für den Holunderblüten-Rum-Fizz (siehe rechte Spalte). Unglücklicherweise ist er mir schon in der Flasche verschimmelt, daher sollten Sie den Sirup im Kühlschrank oder in der Tiefkühltruhe aufbewahren.

Ergibt etwa 5 Liter
Tiefgekühlt uneingeschränkt oder im Kühlschrank bis zu sechs Monaten haltbar

1,8 kg Kristallzucker
Schale und Saft von 2 unbehandelten Zitronen
50 Holunderblüten
50 g Zitronensäure

Die Holunderblüten gut ausschütteln, um kleine Tierchen zu entfernen.

Den Zucker in einen großen, nicht metallenen Behälter geben und 1,5 Liter kochendes Wasser darübergießen. So lange rühren, bis sich der Zucker aufgelöst hat, dann Zitronenschale und -saft, Holunderblüten und Zitronensäure zugeben und alles zusammen über Nacht ziehen lassen.

Am nächsten Tag durch ein Safttuch oder ein mit einem Baumwolltuch ausgelegtes Sieb gießen. Den Sirup in warme, sterilisierte Flaschen füllen (solche, die eingefroren werden sollen, nur zu drei viertel) und diese luftdicht verschließen.

HOLUNDERBLÜTEN-RUM-FIZZ

Eine Mischung zwischen einem Mojito und einem Pimm's, die sehr erfrischend schmeckt und Lust auf mehr macht. Möchten Sie für eine Party Karaffen damit füllen, können Sie einfach die Mengen entsprechend erhöhen. Vor dem Eingießen einen frischen Minzezweig und Eiswürfel in jedes Glas geben.

Ergibt 2 Gläser

12 Minzeblätter
75 ml Holunderblütensirup (siehe linke Spalte)
100 ml Rum
2 EL Zitronensaft
250–300 ml Sprudelwasser
Eiswürfel und 2 Minzezweige zum Garnieren

Die Minzeblätter und den Holunderblütensirup in einen Krug füllen und mit einem Stößel die Blätter zerreiben, um die ätherischen Öle freizusetzen. Anschließend Rum und Zitronensaft zugießen und gut umrühren. Mit Sprudelwasser auffüllen, auf zwei mit Eiswürfeln gefüllte Gläser verteilen und dabei mit einem Löffel die Minze zurückhalten. Mit einem Minzezweig garniert servieren.

GEDECKTER APFELKUCHEN MIT HOLUNDERBLÜTEN

Dieses Rezept passt eigentlich genauso gut in den Herbst, wenn die Äpfel von den Bäumen fallen und man noch etwas Holunderblütensirup vom Frühjahr übrig hat. Ich habe vor Kurzem ein Rezept gelesen, in dem Frischkäse in den süßen Teig kam. Für diesen Kuchen habe ich es das erste Mal ausprobiert und bin ganz begeistert, da der Teig dadurch leichter wird und der Geschmack hervorragend mit den Äpfeln harmoniert.

Für 6–8 Personen

Für den Teig

300 g Mehl
25 g Zucker plus etwas Zucker zum Bestäuben
120 g kalte Butter, in kleine Würfel geschnitten
50 g Sahnefrischkäse

Für die Füllung

1,8 kg Kochäpfel, geschält, entkernt und in Scheiben geschnitten
175 g Zucker
2 gehäufte EL Mehl
4 EL Holunderblütensirup ***(siehe Seite 25)***
1 Ei, aufgeschlagen, zum Glasieren

Für den Teig sämtliche Zutaten in der Küchenmaschine miteinander vermischen und etwas Wasser zugeben, damit er gut zusammenhält. Den Teig auf eine bemehlte Arbeitsfläche geben, zu einer Kugel formen, in Klarsichtfolie wickeln und mindestens 2 Stunden, am besten aber über Nacht kalt stellen.

Anschließend Apfelscheiben, Zucker, Mehl und Holunderblütensirup gut miteinander vermischen und dann so in eine Tarteform füllen (23 cm Durchmesser und 5 cm tief), dass sie darin einen kleinen Hügel bilden.

Den Teig auf einer bemehlten Arbeitsfläche 5–7 mm dick ausrollen, ohne ihn dabei zu ziehen. Vom äußeren Rand 2 cm breite Streifen wegschneiden, den Rand der Backform mit etwas Wasser bepinseln und die Streifen darauf andrücken. Diesen Teigrand ebenfalls mit etwas Wasser bepinseln und den restlichen Teig als Deckel auf die Äpfel legen und am Rand festdrücken. Den Teigdeckel mit dem aufgeschlagenen Ei bepinseln, etwas Zucker darüberstreuen und vier Löcher in den Deckel stechen, damit die Hitze entweichen kann. 2 Stunden oder bis zum Backen kalt stellen.

Den Ofen auf 180 °C (Gas Stufe 4) vorheizen und den Kuchen darin 35–40 Minuten backen, bis er eine schöne dunkelgoldene Farbe hat. Mit Schlagsahne oder Vanilleeis servieren.

Rhabarber-Chutney mit Curry

Dieses Rezept ist entstanden, als ich von Freunden gebeten wurde, noch einmal dieses köstliche Rhabarber-Relish mit Curry zu machen, das sie mal bei mir gegessen hatten. Ein wunderbarer Beweis für die vielseitigen Verwendungsmöglichkeiten von Rhabarber.

Ergibt etwa 1,2 Liter
Mindestens ein Jahr lang haltbar

1 kg Rhabarber, in 5 cm lange Stücke geschnitten
1 große Zwiebel, abgezogen und fein gehackt
150 g Datteln, entsteint und klein gehackt
100 g Rosinen
350 g hellbrauner Zucker
85 g flüssiger Honig
2–3 TL scharfe Currypaste (die Menge hängt von Ihrem Geschmack ab; ich habe Madras-Currypaste verwendet)
1 TL Meersalz
½ TL gemahlener Koriander
½ TL gemahlener Kreuzkümmel
½ TL Gewürzmischung aus Zimtpulver, Muskat, Ingwer und Piment
500 ml Apfelessig

Sämtliche Zutaten in einen großen Topf geben und 300 ml Wasser zugießen. Bei mittlerer Hitze kochen und dabei gelegentlich umrühren, bis die Mischung eindickt und eine Furche zurückbleibt, wenn man mit einem Holzlöffel hindurchfährt (das dauert ungefähr 1 ½–2 Stunden). Während des Kochens wird die Flüssigkeit an die Oberfläche steigen, daher immer wieder umrühren, bis sie so weit eingekocht ist, dass das Ganze nicht mehr wie eine Sauce wirkt, sondern die Konsistenz eines Chutneys bekommt. In warme, sterilisierte Gläser füllen und diese luftdicht verschließen. Vor dem Verzehr mindestens 4 Wochen ziehen lassen.

Mango-Chutney

Wir essen alle sehr gerne Mango-Chutney, doch unsere Lieblingssorten sind ganz schön teuer. Daher koche ich immer gleich größere Mengen ein, damit wir davon so viel essen können, wie wir wollen. Sie können die angegebenen Mengen also auch gut halbieren, müssen dann allerdings daran denken, die Kochzeit darauf abzustimmen.

Ergibt etwa 4 Liter
Mindestens ein Jahr lang haltbar

2 rote Zwiebeln, abgezogen und fein gehackt
4 Knoblauchzehen, abgezogen und in Scheiben geschnitten
1 Zimtstange
750 ml Apfelessig
8 große, nicht ganz reife Mangos
3 große Kochäpfel, geschält, entkernt und in Scheiben geschnitten
1 kg hellbrauner Zucker

Für die gerösteten Gewürze

15 Kardamomschoten
¾ TL gemahlene Nelken
¾ TL Schwarzkümmelsamen
½ TL zerstoßene Chiliflocken

Die Gewürze ohne Fett in eine kleine Pfanne geben und unter ständigem Rühren auf kleiner Flamme rösten, bis sie aromatisch duften.

Anschließend die gerösteten Gewürze mit den Zwiebeln, dem Knoblauch, der Zimtstange und dem Essig in einem großen Topf 10 Minuten köcheln lassen.

Während die Zwiebeln langsam weich werden, die Mangos mit einem Sparschäler schälen und mit einem scharfen Messer das Fruchtfleisch rechts und links vom Kern abschneiden. Dieses in 1 cm dicke Streifen schneiden und längs halbieren. Das restliche Fruchtfleisch vom Kern lösen und alles mit in den Topf geben und unterrühren. Unter gelegentlichem Rühren weitere 15 Minuten köcheln lassen.

Die Äpfel und 500 ml Wasser zugeben und 20 Minuten köcheln lassen.

Den Zucker zufügen und 1 – 1 ½ Stunden köcheln lassen. Das Chutney sollte dickflüssig und sämig sein, die Mangostreifen hingegen sollten noch nicht zerfallen. Mit einer Schöpfkelle in warme, sterilisierte Gläser füllen und diese luftdicht verschließen.

HÄHNCHEN-KEBABS MIT EINER MANGO-INGWER-SAUCE

Ein Rezept, das mich an schöne Sommertage erinnert, die ich mit meinem leider inzwischen verstorbenen guten Freund Richard Shaw verbrachte. Wir waren in Bordeaux zur Weinlese, und seine Mutter kochte für uns beide dieses Gericht, das ich inzwischen auf unzählige Weisen variiert habe.
Die Fleischspieße lassen sich auch wunderbar auf einem Holzkohlegrill zubereiten.

Für 4 Personen

2 EL Erdnussbutter
1½ EL Olivenöl
Saft einer Zitrone
frisch gemahlener schwarzer Pfeffer
750 g filetierte Hühnerschenkel ohne Haut, in mundgerechte Stücke geschnitten
3 große Zucchini, in Stücke geschnitten
2–3 unbehandelte Zitronen, in Schnitze geschnitten
24 frische Lorbeerblätter

Für die Sauce

7 EL Olivenöl
3 EL Sojasauce
1½ EL Reisweinessig
3 gehäufte EL Mango-Chutney** **(siehe Seite 29)
1 EL süße Chilisauce
1 große Knoblauchzehe, abgezogen und zerdrückt
1 Stück frischer Ingwer (6 cm), geschält und gerieben
2 TL hellbrauner Zucker

Erdnussbutter, Olivenöl, Zitronensaft und etwas Pfeffer miteinander in einer Schüssel vermischen. Die Fleischstücke hinzufügen, gut mischen und zugedeckt 2–3 Stunden im Kühlschrank marinieren lassen.

In der Zwischenzeit für die Sauce sämtliche Zutaten in eine Küchenmaschine geben, einen Esslöffel heißes Wasser zufügen und 1–2 Minuten zu einer glatten Sauce verarbeiten. Bis zur weiteren Verwendung kalt stellen.

Zwölf Holzspieße 20 Minuten in Wasser einweichen. Anschließend abwechselnd Fleischstücke, Zucchinistücke, Zitronenschnitze und zusammengefaltete Lorbeerblätter auf die Spieße stecken. Die Kebabs auf einem Backblech unter einem Ofengrill bei mittlerer Hitze 15 Minuten backen, bis das Fleisch gar ist.

Die Spieße 5 Minuten ruhen lassen und dann mit neuen Kartoffeln, Salat und Sauce servieren.

Ananas-Relish mit Koriander und Limette

Dieses Relish schmeckt sowohl zu Huhn als auch zu Fisch und ist beim Grillen eine gute Alternative zu Fertigsaucen. Das Relish hat eine leicht asiatische Note, schmeckt aber auch gut mit einer Cajun-Gewürzmischung.

Ergibt etwa 1 Liter
Bis zu sechs Monate lang haltbar

1 große, reife Ananas, geschält und in mittelgroße Stücke geschnitten
2 rote Zwiebeln, abgezogen und fein gehackt
1 Stück frischer Ingwer (5 cm), geschält und klein gehackt
2 lange rote Chilischoten, entkernt und klein gehackt
2 große Knoblauchzehen, abgezogen und in Scheiben geschnitten
1 kleines Bund Koriander, Stiele und Blätter getrennt, klein gehackt
225 g Zucker
225 ml Weißweinessig
Saft von 3 Limetten
2 TL Fischsauce
1 TL Sojasauce

Sämtliche Zutaten (bis auf die Korianderblätter) in einem großen Topf aufkochen. 1–1 ½ Stunden köcheln lassen und dabei gelegentlich umrühren, bis der Großteil der Flüssigkeit verdampft ist und der Rest eine sirupartige Konsistenz bekommen hat.

Die Korianderblätter unterrühren und dann sofort in warme, sterilisierte Gläser füllen und diese luftdicht verschließen.

ASIATISCHER THUNFISCH MIT ANANAS-RELISH

Vor Jahren habe ich mal Thunfisch für einen Salat Niçoise mit Sojasauce und Limettensaft gewürzt und das Ergebnis schmeckte wirklich köstlich, denn diese Kombination unterstreicht den Geschmack des Fisches und passt zudem wunderbar zu einem einfachen Salat und Salsa. Bei schönem Wetter empfiehlt sich die Zubereitung des Thunfischs auf einem Holzkohlegrill.

Für 4 Personen

4 frische, dicke Thunfischsteaks
1 ½ EL Sojasauce
Saft einer Limette
1 EL extra natives Olivenöl
frisch gemahlener schwarzer Pfeffer
450 g Ananas-Relish mit Koriander und Limette (siehe linke Spalte) oder eine Salsa aus frischer Ananas, frisch gehackter Chilischote, Limettensaft und frischem Koriander
angemachter grüner Salat und Limettenviertel zum Servieren

Die Thunfischsteaks auf einen Teller legen. In einer kleinen Schüssel Sojasauce, Limettensaft, Olivenöl und etwas Pfeffer mischen und zusammen über die Steaks gießen. Den Thunfisch bei Raumtemperatur eine halbe Stunde marinieren lassen.

Eine Grillpfanne stark erhitzen und die Steaks von beiden Seiten je 2–3 Minuten darin garen. (Wenn Sie, wie ich, den Thunfisch innen noch gerne rosa servieren, sollten Sie ihn vom Herd nehmen, solange Sie außen noch eine zarte rosa Linie erkennen können.)

Mit einem grünen Salat, Limettenvierteln und dem Relish servieren.

ASIATISCHER THUNFISCH MIT ANANAS-RELISH

Chiliwodka

Falls Sie nicht gerne Flaschen sterilisieren, können Sie auch einfach eine Flasche Wodka kaufen und die Zutaten für den Chiliwodka hineingeben. So hält er zwar nicht besonders lange, aber wenn Sie ihn für eine Party machen, dann ist er ja vermutlich sowieso schneller weg, als Sie schauen können.

Ergibt 500 Milliliter
Bis zu einem Jahr haltbar

2 grüne Chilischoten, die Haut mit einer Nadel mehrfach einstechen
500 ml Wodka

Die Chilischoten in eine Flasche mit 500 ml Fassungsvermögen stecken und mit Wodka aufgießen. 3–4 Tage ziehen lassen, dann den Wodka durch ein Sieb in eine sterilisierte Flasche gießen und diese luftdicht verschließen.

Variation: Basilikumwodka

8 Basilikumblätter in eine Flasche geben, mit 500 ml Wodka auffüllen. Weiter verfahren wie oben beschrieben.

Variation: Knoblauchwodka

2 große Knoblauchzehen abziehen, halbieren und in eine Flasche stecken. Mit 500 ml Wodka auffüllen. Weiter verfahren wie oben beschrieben.

DIE BESTE BLOODY MARY

Dieses Rezept basiert auf der besten Bloody Mary, die ich je getrunken habe. Jarina und Brian Ahearn vom Wool Pack Inn in Northington / Hampshire, England, bieten sie sonntagsmorgens ihren Gästen an, während diese auf ihr himmlisches Roastbeef warten. Falls Sie keine Lust haben, drei verschieden aromatisierte Wodkas herzustellen, dann nehmen Sie für dieses Rezept einfach 150 ml Basilikumwodka.

Für 6 Personen

Je 50 ml Knoblauch-, Basilikum- und Chiliwodka (siehe linke Spalte)
50 ml Whisky
50 ml Sherry
50 ml Ingwerwein
ein guter Schuss Worcestershiresauce
ein paar Tropfen Tobasco
1 Prise Selleriesalz
frisch gemahlener schwarzer Pfeffer
Tomatensaft zum Auffüllen
1–2 unbehandelte Zitronen, in Scheiben geschnitten

Sämtliche Zutaten, bis auf den Tomatensaft, die Zitronenscheiben und den Pfeffer, in einen Krug füllen und gut umrühren. Mit Tomatensaft auffüllen und mit Pfeffer abschmecken.

Mit einer Zitronenscheibe den Rand von sechs Gläsern befeuchten und die Bloody Mary hineinfüllen. Jedes Glas mit einer frischen Zitronenscheibe garnieren.

Apfelgelee mit Minze

Normalerweise bin ich kein Freund von Lebensmittelfarben, aber meiner Ansicht nach sollte ein Gelee mit Minze wirklich grün aussehen und ohne die Unterstützung von etwas Lebensmittelfarbe sieht es eher unappetitlich aus.

Ergibt etwa 1 Liter
Bis zu einem Jahr lang haltbar

1,3 kg Kochäpfel
3 unbehandelte Zitronen, in dicke Scheiben geschnitten
10 Minzezweige plus 60 g Minzeblätter, klein gehackt
ca. 1 kg Gelierzucker 2:1
150 ml Weißweinessig
grüne Lebensmittelfarbe (nach Belieben)

Die ganzen, ungeschälten Äpfel in Stücke schneiden und mit den Zitronenscheiben, den Minzezweigen und einem guten Liter Wasser in einen Topf geben. Alles zusammen aufkochen und dann etwa 40 Minuten köcheln lassen, bis die Apfelstücke zerfallen. Die Mischung in ein Safttuch oder ein mit einem Baumwolltuch ausgelegtes Sieb gießen und 6 Stunden oder über Nacht abtropfen lassen.

Die Flüssigkeit abmessen, in einen Topf geben und aufkochen. Für 600 ml Flüssigkeit 450 g Zucker zugeben und mitkochen. Den Weißweinessig zugießen, unterrühren und sanft weiterköcheln lassen. Nachdem sich der Zucker aufgelöst hat, alles 10 Minuten sprudelnd kochen und dann eine erste Gelierprobe machen.

Den Schaum mit einem Löffel entfernen bzw. wenig Schaum einfach mit einem Küchenpapier aufnehmen. Wenn die Gelierprobe gelingt, die klein gehackten Minzeblätter und eventuell etwas Lebensmittelfarbe untermischen.

Das Gelee 15 Minuten abkühlen lassen, damit die Minze nicht an der Oberfläche schwimmt, und anschließend das Gelee in sterilisierte Gläser füllen und diese luftdicht verschließen.

Apfelweinsauce mit Salbei

Im Frühling schmeckt der Salbei aus meinem Garten am besten, und da es eigentlich immer Kochäpfel gibt, habe ich dieses Rezept einfach schon in dieses Kapitel aufgenommen und nicht erst in den Herbst. Eine wunderbare Sauce, die man immer für ein sonntägliches Mittagessen vorrätig haben sollte oder um aus ein paar Schweinekoteletts etwas Besonderes zu machen (siehe Seite 39).

Ergibt etwa 1 Liter
Mindestens ein Jahr lang haltbar

1 nussgroßes Stück Butter
1 guter Schuss Olivenöl
1 große Zwiebel, abgezogen und fein gehackt
1,5 kg Kochäpfel, geschält, entkernt und in Scheiben geschnitten
150 g Zucker
20 kleine Salbeiblätter, klein gehackt
375 ml halbtrockener Apfelwein

Den Ofen auf 150 °C (Gas Stufe 2) vorheizen. In einem Topf Butter und Öl erhitzen und die Zwiebeln 5–6 Minuten glasig anschwitzen.

Die Äpfel zugeben und 5 Minuten unter ständigem Rühren mitdünsten. Anschließend Zucker, Salbei und Apfelwein zugeben. Alles zusammen aufkochen und 10–15 Minuten sprudelnd kochen lassen, bis die Äpfel weich sind und die Flüssigkeit teilweise verdampft ist.

Eine große Auflaufform mit einem Geschirrtuch auslegen und die warmen, sterilisierten Weckgläser mit viel Abstand voneinander hineinstellen. Die Sauce in die Gläser füllen und die Deckel obenauf legen. Die Backform 2 cm hoch mit Wasser füllen und für 20 Minuten in den heißen Ofen geben. Anschließend die Gläser luftdicht verschließen.

GEBACKENE SCHWEINEKOTELETTS MIT KNUSPRIGEN KARTOFFELN UND APFELWEINSAUCE MIT SALBEI

Es geht doch nichts über ein Schweinekotelett von einem guten Bauernhof in Ihrer Nähe und wunderbar knusprig gebratene Kartoffeln. Dieses Gericht eignet sich auch gut für Partys, da man alles zusammen in einer Auflaufform zubereiten kann, die dann nur noch in den Ofen geschoben werden muss – eine Art zu kochen, wie ich sie liebe.

Für 6 Personen

6 Schweinekoteletts mit Knochen
6 EL Olivenöl
2 TL Dijon-Senf
Schale und Saft einer unbehandelten Zitrone
Salz und frisch gemahlener schwarzer Pfeffer
1,5 kg neue Kartoffeln
1 nussgroßes Stück Butter
250 g Apfelweinsauce mit Salbei (siehe Seite 36) oder süßes Apfelkompott, das mit einem Löffel klein gehacktem Salbei gekocht wurde
2 EL Crème fraîche

Die Schweinekoteletts auf einen großen, tiefen Teller legen. In einer kleinen Schüssel 3 Esslöffel Öl mit dem Senf, dem Zitronenabrieb und einem guten Spritzer Zitronensaft mischen. Die Marinade mit Salz und Pfeffer würzen, die Schweinekoteletts damit einreiben und zwischen 20 Minuten und 2 Stunden ziehen lassen, je nachdem, wie viel Zeit Sie haben.

Den Ofen auf 220 °C (Gas Stufe 7) vorheizen. Die Kartoffeln 7–8 Minuten in Salzwasser kochen und danach gut abtropfen lassen. Die Kartoffeln längs halbieren und in einen großen Bräter füllen. Die restlichen 3 Esslöffel Öl darüberträufeln, mit Salz und Pfeffer würzen und gut miteinander vermischen. Die Kartoffeln 20–25 Minuten im Ofen backen, bis sie golden sind und langsam knusprig werden.

Wenn die Kartoffeln etwa 15 Minuten im Ofen sind, die Butter in einer Bratpfanne zerlassen und jeweils 3 Schweinekoteletts darin von beiden Seiten je 2–3 Minuten braten. Die Kartoffeln nach 20–25 Minuten aus dem Ofen holen, gut durchmischen und die Koteletts darauflegen. (Die Pfanne noch nicht säubern, da der Bratensatz später noch benötigt wird.) Den Bräter weitere 15 Minuten in den Ofen schieben, bis das Fleisch gar ist.

Kurz vor dem Servieren ein kleines bisschen Wasser in die Pfanne geben und aufkochen lassen. Mit einem Holzspatel den Bratensatz vom Pfannenboden lösen. Apfelweinsauce, Salbei und Crème fraîche zugeben und alles gleichmäßig erhitzen. Etwas Wasser zufügen, um die Sauce flüssiger zu machen, und abschmecken. Die Schweinekoteletts mit den knusprigen Kartoffeln, der Sauce und gedämpftem grünem Gemüse (nach Belieben) servieren.

Pesto

Das ist das beste Pestorezept, das ich je probiert habe. Es stammt von meiner guten Freundin, der italienischen Kochbuchautorin Anna del Conte. Falls Sie vorhaben, das Pesto einzufrieren, sollten Sie den Käse erst nach dem Auftauen zugeben, da er sonst etwas an Geschmack verliert. Um das Pesto auf traditionelle Art herzustellen, verwenden Sie am besten einen Mörser.

Ergibt etwa 500 Milliliter
Ungeöffnet bis zu vier Wochen im Kühlschrank haltbar oder tiefgefroren aufbewahren

60 g frische Basilikumblätter
3 Knoblauchzehen, abgezogen
3 EL Pinienkerne
1 gute Prise grobes Meersalz
125 ml extra natives Olivenöl plus etwas Öl, um es in den Weckgläsern über das Pesto zu gießen
4 EL frisch geriebener Parmesan
4 EL frisch geriebener Pecorino

Die Basilikumblätter mit dem Knoblauch, den Pinienkernen und dem Salz in eine Küchenmaschine geben und während des Mixens langsam das Öl zugießen. Alternativ die trockenen Zutaten im Mörser zerstoßen und dann nach und nach das Öl zugeben, bis eine homogene Paste entsteht.

Die Paste in eine Schüssel geben und die beiden Käsesorten untermischen. Das Pesto in sterilisierte Gläser füllen und etwas Öl darüberträufeln, damit es sich besser hält. Im Kühlschrank aufbewahren.

GEGRILLTES GEMÜSE MIT PESTO UND MOZZARELLA

Angerichtet auf einem großen Teller und mit etwas Brot serviert ist dies ein Rezept für ein wunderbar leichtes Mittagessen oder eine hübsche Vorspeise.

Für 6 Personen als Vorspeise oder für vier Personen als Mittagessen

2 rote Paprikaschoten, in breite Streifen geschnitten
1 Aubergine, in 7 mm dicke Scheiben geschnitten
2 Zucchini, schräg in feine Scheiben geschnitten
1 – 2 EL extra natives Olivenöl
Meersalz und frisch gemahlener schwarzer Pfeffer
1 Bund grüner Spargel (saisonabhängig)
2 EL Pesto (siehe linke Spalte)
ein Spritzer Zitronensaft
1 – 2 EL extra natives Olivenöl
375 g Büffelmozzarella, abgetropft und in Stücke gerupft
warmes Ciabatta zum Servieren

Paprikastreifen, Auberginen- und Zucchinischeiben mit Öl bepinseln und mit Salz und Pfeffer bestreuen. Nach und nach grillen, bis sie von beiden Seiten stellenweise schwarz sind. Die Paprikastreifen müssen dabei etwas auf den Grill gedrückt werden und brauchen etwas länger, bis sie weich sind.

Den Spargel 2 – 3 Minuten dämpfen (oder auch länger, bis er bissfest ist) und dann sofort in Eiswasser abschrecken. Die Spargelstangen halbieren und das gesamte Gemüse vor dem Servieren abkühlen lassen.

Das Pesto mit dem Zitronensaft und etwas Olivenöl zu einer flüssigen Sauce rühren. Mit Pfeffer und je nach Geschmack mit etwas Salz abschmecken und bei Bedarf noch Zitronensaft oder Öl zufügen.

Das Gemüse auf einer großen Servierplatte oder einzelnen Tellern anrichten, mit Mozzarella bestreuen und mit der Sauce beträufeln. Dazu warmes Ciabatta reichen.

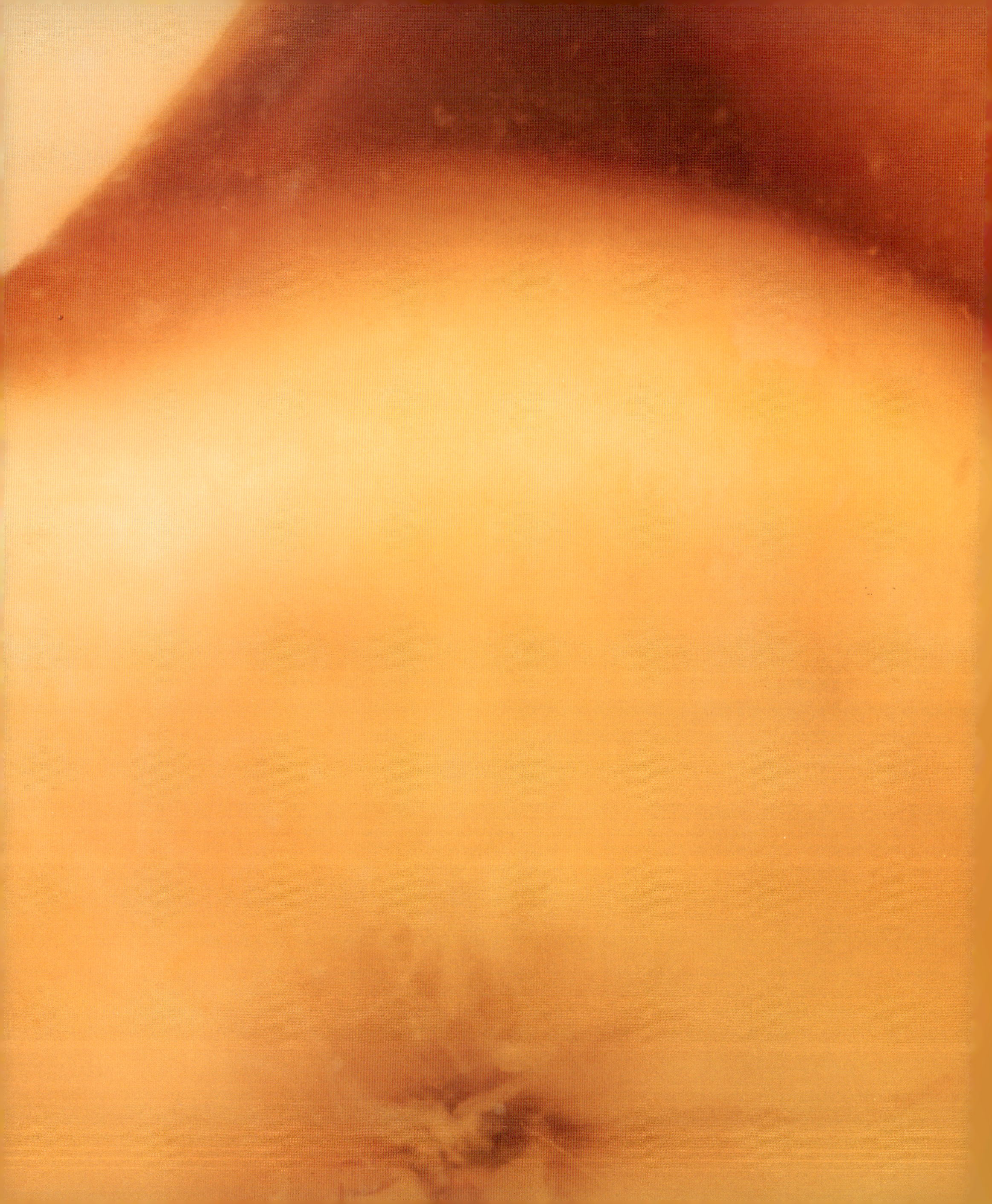

Sommer

Eingelegte Rote Bete

Wer Rote Bete im eigenen Garten anbaut, weiß, dass man sie nur schwer in kleiner Stückzahl anpflanzen kann. Da sich meine Familie immer wieder beschwert, wenn es zu häufig Rote Bete als Gemüse gibt, habe ich mir diese Alternative ausgedacht.

Ergibt 1,8 Liter
Bis zu zwei Jahre lang haltbar

12 große Rote Bete, Stiele 3 cm stehen lassen, Blätter und alles andere entfernen
2 gehäufte EL Demerara-Zucker
1 Zimtstange
8 Gewürznelken
½ TL gelbe Senfkörner
1 l Malzessig
½ TL Salz

Die geputzten, ungeschälten Rote Bete in einen großen Topf mit kochendem Salzwasser geben und etwa 30 Minuten kochen, bis sie weich sind (mit einem Spieß oder einem Messer probeweise einstechen). Abtropfen und abkühlen lassen.

In der Zwischenzeit Zucker, Gewürze und Essig mit dem Salz in einen Topf geben und aufkochen lassen. Den Topf vom Herd nehmen und vollständig abkühlen lassen. Erst vor dem Abfüllen wieder etwas erwärmen.

Mit Plastikhandschuhen die Rote Bete schälen, in mundgerechte Stücke (etwa 5 cm groß) schneiden und in warme, sterilisierte Weckgläser füllen. Die Gläser mit dem warmen Essig auffüllen, bis die Roten Beten vollständig bedeckt sind. Anschließend die Gläser luftdicht verschließen.

GERÄUCHERTE FORELLE UND ROTE-BETE-SALAT MIT SAUERRAHMDRESSING

Dieses Rezept ist eine Hommage an die wunderbare Landschaft von Hampshire, mit ihren Flüssen, in denen noch Forellen leben und an deren Ufern noch Brunnenkresse wächst. Die Kombination aus pfeffrig schmeckenden Blättern, geräuchertem Fisch und säuerlichen Roten Beten ist ein Highlight. Mischen Sie doch ein paar warme, in Scheiben geschnittene neue Kartoffeln unter, falls Sie den Salat gehaltvoller lieben, oder ersetzen Sie die Forelle mal durch geräucherte Makrele.

Für 4 Personen

Für das Dressing

3 EL Sauerrahm
1 EL extra natives Olivenöl
2 TL Zitronensaft
2 TL Sahnemeerrettich
1 gehäufter TL Schnittlauchröllchen
Salz, frisch gemahlener schwarzer Pfeffer und Zucker

Für den Salat

4 gute Handvoll pfeffrig schmeckender Salatblätter (z.B. Brunnenkresse, Spinat und Rucola)
225 g eingelegte Rote Bete (siehe linke Spalte), abgetropft und in kleine Würfel geschnitten
4 geräucherte Forellenfilets, gehäutet
8 Radieschen, in Scheiben geschnitten
1 Päckchen Kresse, geputzt
1 EL Kürbiskerne

In einer Schüssel die Zutaten für das Dressing mit 2 Teelöffeln warmem Wasser und je einer Prise Salz, Pfeffer und Zucker mischen.

Die Salatblätter in eine große Schale geben oder auf einzelnen Tellern anrichten und die Rote Bete, die Forellen und die Radieschenscheiben darauf verteilen. Mit dem Dressing beträufeln und mit Kresse und Kürbiskernen bestreuen.

Zwiebelmarmelade mit Portwein und Thymian

Ein guter Koch sollte immer ein Glas Zwiebelmarmelade im Kühlschrank zu haben, denn damit kann man vielerlei Saucen wunderbar verfeinern, außerdem schmeckt sie köstlich zu kaltem Fleisch.

Ergibt etwa 800 Milliliter
Mindestens ein Jahr lang haltbar

1 kg Zwiebeln, abgezogen und halbiert
4 EL Olivenöl
1 TL Meersalz
2 gehäufte TL klein gehackter frischer Thymian oder ¾ TL getrockneter Thymian
110 g dunkelbrauner, feiner Zucker
3 EL Aceto balsamico
3 EL Weißweinessig
2 EL Portwein
2 EL rotes Johannisbeergelee
frisch gemahlener schwarzer Pfeffer

Ich finde es am einfachsten, die Zwiebeln geviertelt mit dem Aufsatz einer Küchenmaschine in Scheiben zu schneiden, anstatt alles von Hand machen zu müssen. Sie sollten auf jeden Fall fein geschnitten sein.

Das Öl in einem großen Topf erhitzen, Zwiebeln, Salz und Thymian zugeben und 35–40 Minuten köcheln lassen, dabei gelegentlich umrühren.

Wenn die Zwiebeln richtig weich sind, die restlichen Zutaten zugeben und etwas Pfeffer über dem Topf mahlen. Die Zwiebelmischung langsam aufkochen lassen und weitere 10 Minuten kochen, bis der Großteil der Flüssigkeit verdampft ist. Zwischendurch immer wieder umrühren. Die Mischung mit dem Löffel in warme, sterilisierte Weckgläser füllen und diese luftdicht verschließen.

WÜRSTCHEN, KARTOFFELBREI UND EINE SCHNELLE ZWIEBELSAUCE

Dieses Gericht ist immer ein Hit, vor allem, wenn Sie einen Metzger haben, der besonders feine Würstchen macht.

Für 2–3 Personen

6 Schweinebratwürstchen

Für den Kartoffelbrei

225 g Kartoffeln
225 g Süßkartoffeln
75 ml Milch
1 walnussgroßes Stück Butter
1 Prise frisch geriebene Muskatnuss

Für die Sauce

3 EL Zwiebelmarmelade mit Portwein und Thymian (siehe linke Spalte) oder fertig gekaufte Zwiebelmarmelade
½ TL Dijon-Senf
100 ml Rinderbrühe
frisch gemahlener schwarzer Pfeffer

Den Ofen auf 180 °C (Gas Stufe 4) vorheizen. Die Würstchen in einen kleinen Bräter legen und 25–30 Minuten im Ofen backen. Zwischendurch einmal wenden.

Die Kartoffeln und die Süßkartoffeln schälen, in große Stücke schneiden und 20 Minuten in Salzwasser kochen, bis sie weich sind.

In der Zwischenzeit die Zwiebelmarmelade mit dem Senf, der Rinderbrühe und etwas Pfeffer mischen und über die Würstchen gießen. Den Bräter für weitere 10–15 Minuten in den Ofen geben, bis die Sauce Blasen wirft.

Die Kartoffeln gut abtropfen lassen. In dem Topf, in dem sie gekocht wurden, Milch, Butter und Muskatnuss erhitzen, dann die Kartoffeln zugeben und zerstampfen.

Den Kartoffelbrei mit den Würstchen und der Zwiebelsauce servieren und je nach Geschmack dazu grünes, in Butter geschwenktes Gemüse reichen.

Stachelbeerkompott mit Vanille

Stachelbeeren erfreuen sich zwar großer Beliebtheit, aber nicht, wenn sie während der Erntezeit in jedem Nachtisch auftauchen. Meine praktisch denkende Mutter fand, man solle Stachelbeeren besser einfrieren oder bei nicht ausreichendem Platz in der Kühltruhe zu Kompott einkochen und dann bei passender Gelegenheit einfach ein Glas davon aus dem Vorratsschrank holen. Stachelbeeren verlieren beim Einkochen etwas an Farbe, doch sie bleiben sehr schmackhaft und eignen sich deshalb hervorragend für eine Grütze oder einen Kuchen. Die Menge der beim Einkochen entstehenden Flüssigkeit variiert ein wenig, aber Sie können damit anschließend gut ein anderes Obst einkochen.

Ergibt etwa 1,5 Liter
Bis zu sechs Monate haltbar

400 g Kristallzucker
1 Vanilleschote, aufgeschlitzt
1,2 kg Stachelbeeren, geputzt

Für dieses Rezept sollten Sie Weckgläser benutzen, da diese hitzeresistent sind. Den Ofen auf 150 °C (Gas Stufe 2) vorheizen.

Zucker, Vanilleschote und 800 ml Wasser in einen Topf geben und sanft erhitzen, bis sich der Zucker aufgelöst hat. Danach die Temperatur erhöhen und eine Minute kochen lassen.

In der Zwischenzeit die Gläser 5 Minuten im Ofen erwärmen (da die Füllmenge etwas variiert, stelle ich für 1,8 Liter Gläser in den Ofen).

Eine ofenfeste Form mit einem Geschirrtuch auslegen, die warmen, sterilisierten Gläser in genügendem Abstand voneinander darin verteilen und die Früchte dicht gepackt in die Gläser füllen. Den Sirup darübergießen, bis die Früchte bedeckt sind, und die Deckel obenauf legen, aber die Gläser noch nicht verschließen. Die Backform 2 cm hoch mit Wasser füllen und das Kompott 20–25 Minuten im Ofen garen, bis die Stachelbeeren gerade weich werden. Die Weckgläser aus dem Ofen holen und sofort luftdicht verschließen.

LEICHTE STACHELBEERGRÜTZE

Eine Art Grütze, die jedoch nicht ganz so mächtig ist, weil ich anstelle von Sahne griechischen Joghurt verwende (Sie sollten allerdings darauf achten, dass die Sauce trotzdem schön dick wird, sonst ist die Grütze hinterher zu flüssig). Ein wunderbar leichter Nachtisch als Abschluss einer üppigen Mahlzeit. Außerdem, zumindest behauptet das mein zwölfjähriger Neffe Archie, ist diese Grütze „bissiger". Er schlug vor, zusätzlich zerstoßene Baisers unterzumischen. Ich denke, diese Grütze schmeckt auch gefroren wunderbar, aber ich bin noch nicht dazugekommen, es auszuprobieren.

Für 4 Personen

500 g Stachelbeerkompott mit Vanille (siehe linke Spalte), abgetropft (den Sirup beiseitestellen) oder frisches, abgetropftes Stachelbeerkompott (ebenfalls den Saft beiseitestellen)
2 EL Vanillesaucenpulver
2–3 TL Zucker, falls gewünscht
400 g griechischer Joghurt

Zunächst für die Sauce 300 ml Stachelbeersaft in einen Messbecher füllen und, falls nötig, etwas Wasser zufügen, um auf die angegebene Menge zu kommen. Das Vanillesaucenpulver mit etwas Stachelbeersirup in einen kleinen Topf geben und glatt rühren. Den restlichen Sirup zugeben und unter ständigem Rühren mit einem Schneebesen langsam erhitzen, bis die Sauce kocht und eindickt. (Keine Sorge, wenn in diesem Stadium die Sauce nicht sehr appetitlich aussieht!) Abschmecken und eventuell noch etwas Zucker zufügen. Mit Klarsichtfolie abdecken (damit sich keine Haut bildet), abkühlen lassen und bis zum weiteren Gebrauch kalt stellen.

Die Stachelbeeren in einer großen Schüssel etwas zerdrücken. Die Sauce noch einmal kurz aufschlagen und dann unterrühren. Abschließend den Joghurt unterheben.

Die Grütze in Gläser füllen und vor dem Servieren 30 Minuten kalt stellen. Butterkekse dazu reichen.

Stachelbeermarmelade

Meine Mutter besitzt wunderbare Stachelbeerbüsche, deren Äste sich im Frühsommer unter der Last der Früchte biegen. Sie bietet Bed & Breakfast an, und ich glaube, dass ihre Gäste meine wiederholte Bitte, dieses Rezept für mich zu testen, sehr genossen und sich über die selbst gemachte Marmelade gefreut haben. Diese Marmelade lässt sich auch wunderbar aus tiefgefrorenen Früchten zubereiten, allerdings dauert es dann etwas länger, bis sie geliert.

Ergibt etwa 1,5 Liter
Mindestens ein Jahr lang haltbar

1 kg frische grüne, noch nicht ganz reife Stachelbeeren, geputzt
500 g Gelierzucker 2:1

Die Stachelbeeren mit 150 ml Wasser in einen großen Topf geben und 5–10 Minuten sanft kochen, bis die Stachelbeeren langsam weich werden. Den Zucker zugeben und gelegentlich umrühren, bis sich der Zucker aufgelöst hat und die Stachelbeeren weich sind.

Die Temperatur erhöhen und die Stachelbeeren 10–15 Minuten sprudelnd kochen, bis die Gelierprobe gelingt. Den Topf vom Herd nehmen und 10 Minuten ruhen lassen. Noch einmal umrühren, die Marmelade in warme, sterilisierte Gläser füllen und diese luftdicht verschließen.

Erdbeersirup mit Rosenblütenblättern

Ehrlicherweise muss ich gestehen, dass dieses Rezept ursprünglich ein Gelee werden sollte, aber nach zwei deprimierenden Fehlversuchen kam mir eine bessere Idee, und ich habe gemerkt, dass dieser wunderbar aromatische Sirup sehr viel vielseitiger verwendet werden kann: Er schmeckt wunderbar zu Eis oder als Ersatz für Crème de Cassis in einem sommerlichen Cocktail. Er verleiht frischen Erdbeeren einen tollen Glanz und bringt Farbe in mit Sahne gefüllte Baisers (siehe Seite 56). Nicht zuletzt ist er stets ein schönes Mitbringsel. Möchten Sie aber doch lieber Gelee machen, dann kochen Sie den Sirup einfach so lange, bis er geliert, und füllen ihn dann in sterilisierte Gläser.

Ergibt 1 Liter
Bis zu einem Jahr haltbar

900 g Erdbeeren
Saft von 2 Zitronen
1 EL Rosenwasser
450 g Gelierzucker für 600 ml Saft
1 Handvoll Rosenblütenblätter

Die Erdbeeren mit 350 ml Wasser und dem Zitronensaft in einen Topf geben und bei mittlerer Hitze sanft garen, bis die Erdbeeren zusammengefallen und weich sind. Anschließend die Erdbeeren mit einem Kartoffelstampfer pürieren und durch ein Safttuch abtropfen lassen.

Die Flüssigkeit abmessen und in einen großen Topf gießen. Rosenwasser und 450 g Zucker pro 600 ml Saft zugeben. Unter ständigem Rühren langsam erhitzen, bis sich der Zucker aufgelöst hat.

Für den nächsten Arbeitsschritt lässt sich leider keine genaue Zeitangabe machen, denn er hängt von der Sorte und dem Reifegrad der Erdbeeren ab. Nach mehreren Tests bin ich der Ansicht, dass es am einfachsten ist, die Flüssigkeit aufzukochen und weitere 5 Minuten sprudelnd kochen zu lassen. Anschließend den Topf vom Herd nehmen und etwas Sirup auf eine kalte Untertasse tropfen lassen. Nach 30 Sekunden im Kühlschrank sollte er sich anfühlen und aussehen wie Sirup, allerdings keine Falten bilden, wenn man mit dem Finger hindurchfährt. Sollte er noch zu flüssig sein, einfach erneut aufkochen und einige Minuten sprudelnd kochen lassen, anschließend erneut testen. Aber Vorsicht, denn Sie wollen schließlich einen dickflüssigen, aber immer noch gut gießbaren Sirup und kein Gelee.

Hat der Sirup die richtige Konsistenz, einfach den Topf vom Herd nehmen und 10 Minuten abkühlen lassen.

4–5 Rosenblütenblätter in jede warme (aber nicht heiße), sterilisierte Flasche geben und den Sirup dazugießen. Die Flaschen luftdicht verschließen und vollständig auskühlen lassen.

BAISERSCHIFFCHEN MIT ERDBEER- UND ROSENBLÜTENBLÄTTERFÜLLUNG

Meine Großmutter mütterlicherseits machte absolut legendäre Baisers, und meine Mutter und ich haben Jahre gebraucht, bis sie bei uns ebenso perfekt wurden. Der Trick ist, sie in einem normalen und nicht in einem Umluftofen zu backen und weißen statt braunen Zucker zu verwenden. Vor allem aber braucht man Geduld, und man sollte den Zucker ganz vorsichtig teelöffelweise nach und nach untermischen. Doch es lohnt sich! Alternativ zu diesem Rezept können Sie auch kleinere Baisers machen und dann jeweils wie bei einem Sandwich zwischen zwei Baisers Erdbeercreme füllen – allerdings sollten Sie dann die Backzeit etwas verkürzen.

Für 10 Personen

4 große Eiweiß, auf Raumtemperatur erwärmt
250 g feiner weißer Zucker
6 EL Erdbeersirup mit Rosenblütenblättern (siehe Seite 55)
1,3 kg Erdbeeren, geputzt und je nach Größe halbiert
500 g Crème double
Rosenblütenblätter zum Garnieren (nach Belieben)

Zunächst die Baisers herstellen und dafür den Ofen auf 110 °C (Gas Stufe ¼) vorheizen.

Das Eiweiß in eine große, saubere Porzellan- oder Glasschüssel geben und mit einem elektrischen Handrührgerät auf kleinster Stufe eine Minute aufschlagen. Die Geschwindigkeit um eine Stufe erhöhen und weiterrühren, bis das Eiweiß steif, jedoch nicht zu fest ist. Es darf aber nicht mehr zusammenfallen, wenn Sie das Gerät ausschalten. Anschließend die Geschwindigkeit des Mixers wiederum um eine weitere Stufe erhöhen, den Zucker teelöffelweise zugeben und jeweils etwa 4 Sekunden lang schlagen.

Zwei Backbleche mit Backpapier belegen und die Eischneemasse in kleinen Häufchen (jeweils zwei gehäufte Dessertlöffel voll) und mit großem Abstand voneinander auf das Backpapier setzen. Die Menge sollte für zehn Baisers reichen. Etwa 1 Stunde und 20 Minuten backen, bis die Baisers außen schön knusprig sind und hohl klingen, wenn man auf die Unterseite klopft. Die Baisers auf den Backblechen abkühlen lassen und dann in eine luftdicht verschließbare Dose füllen. Auf diese Weise halten sie sich bis zu zwei Wochen.

2 Esslöffel Sirup mit den Erdbeeren mischen und bis zu 4 Stunden marinieren. Die Sahne sanft schlagen und den restlichen Sirup untermischen, bis er Streifen in der Sahne zieht. Die Sahne bis zum Servieren in den Kühlschrank stellen.

Zum Servieren jeweils ein Baiser und ein paar Erdbeeren auf jeden Teller geben und mit einem großen Klecks Erdbeersahne garnieren. Auf Wunsch mit Rosenblütenblättern dekorieren.

Aprikosenmarmelade

Eine recht flüssige Marmelade mit köstlichen Fruchtstückchen und einem süßen Honigaroma – beinahe eine Mischung zwischen Konfitüre und Kompott. Ich muss bei diesem Rezept immer an unser Frühstück im Freien während unserer Ferien in Frankreich denken.

Ergibt etwa 1,5 Liter
Mindestens ein Jahr lang haltbar

1,5 kg frische, nicht zu weiche Aprikosen
500 g Gelierzucker 2:1
Saft von 2 Zitronen

Die Aprikosen halbieren und entsteinen und dann erneut halbieren (oder noch kleiner schneiden, wenn Ihre Marmelade nicht so große Fruchtstückchen enthalten soll). Die Aprikosenstücke in eine große Schüssel geben, den Zucker und den Zitronensaft untermischen und 2 Stunden ziehen lassen, damit der Fruchtsaft austritt.

Die Mischung in einen großen Topf umfüllen und unter gelegentlichem Rühren langsam erwärmen, bis sich der Zucker aufgelöst hat und die Aprikosen langsam weich werden. Die Hitze erhöhen und die Fruchtmischung sprudelnd 5–10 Minuten kochen lassen, bis die Marmelade geliert. Den Topf vom Herd nehmen und 10 Minuten ruhen lassen. Erneut umrühren, in warme, sterilisierte Weckgläser füllen und diese luftdicht verschließen.

APRIKOSENSTREUSEL MIT AMARETTO

Das Aroma dieser kleinen Streuselkuchen wird durch einen Klecks Aprikosenmarmelade deutlich intensiver. Ob zusätzlicher Zucker nötig ist, hängt von Ihrem persönlichen Geschmack und natürlich vom Reifegrad der Aprikosen ab. Für die kleinen Kuchen brauchen Sie sechs Backförmchen mit einem Fassungsvermögen von je 175 ml. Alternativ können Sie in einer Auflaufform natürlich auch einen großen Kuchen backen, der dann vielleicht etwas länger backen sollte.

Für 6 Personen

Für den Streuselteig
175 g Mehl
75 g Butter, in kleine Stückchen geschnitten
40 g Demerara-Zucker
25 g hellbrauner Zucker plus ein gehäufter TL für die Füllung (nach Belieben)
50 g Mandelplättchen

Für die Füllung
10–11 frische Aprikosen, entkernt und klein gehackt
5 EL Aprikosenmarmelade (siehe linke Spalte) mit Amaretto
1½ EL Amaretto

Zum Servieren
200 g Crème fraîche
1–2 EL flüssiger Honig

Den Ofen auf 180 °C vorheizen (Gas Stufe 4). In einer Schüssel Mehl und Butter mit den Fingerspitzen zu Streuseln vermischen und dann Zucker und Mandeln unterziehen.

Die Aprikosen in eine weitere Schüssel geben und die Marmelade, den Amaretto und 3 Esslöffel Wasser untermischen. Falls die Aprikosen eher säuerlich sind, noch etwas Zucker zufügen.

Die Aprikosenfüllung auf die sechs Backförmchen aufteilen (oder in eine große, hitzebeständige Form füllen) und die Streusel darauf verteilen. Die Förmchen auf ein Backblech stellen und 30–35 Minuten in den Ofen schieben, bis die Füllung Blasen wirft und die Streusel goldbraun sind.

Die Crème fraîche mit dem Honig mischen und bis zum Servieren kalt stellen.

APRIKOSENMARMELADE

Kirschen in Weinbrand

Ich habe mich zuerst gefragt, ob dieses Rezept nicht ein bisschen zu altmodisch ist, andererseits sind die alten Rezepte ja oft die besten. Wenn man den Sirup etwas dünnflüssiger und nicht so süß macht, kommen die Kirschen besser zur Geltung.

Ergibt etwa 1,8 Liter
Mindestens sechs Monate lang haltbar

275 g Zucker
300 ml Weinbrand
1,2 kg Kirschen

Für dieses Rezept eignen sich am besten hitzebeständige Weckgläser. Den Ofen auf 150 °C (Gas Stufe 2) vorheizen.

Zucker und 450 ml Wasser in einen Topf geben und langsam erwärmen, bis sich der Zucker aufgelöst hat. Kurz aufkochen lassen, den Herd ausschalten und den Weinbrand angießen.

Die Kirschen dicht gepackt in die Weckgläser geben und mit dem Sirup auffüllen, bis sie bedeckt sind. Ein tiefes Backblech mit einem Geschirrtuch auslegen, damit die Gläser nicht rutschen, und die warmen, sterilisierten Gläser mit großem Abstand voneinander daraufstellen. Das Backblech 2 cm tief mit kochendem Wasser füllen und für 30 Minuten in den Ofen schieben. Anschließend die Gläser luftdicht verschließen.

Variation: Kirschen in Rum mit Vanillearoma

Vorbereiten wie oben beschrieben und den Weinbrand einfach durch Rum mit Vanillearoma ersetzen.

FRANZÖSISCHER ZIMTTOAST MIT KIRSCHEN

Ein wunderbares Rezept für einen Nachtisch oder einen Brunch, denn die knusprigen Briochescheiben mit den eingelegten Kirschen und dem kühlenden Eis schmecken einfach himmlisch.

Für 2 Personen

150 g Kirschen in Weinbrand (siehe linke Spalte) plus 150 ml Weinbrand oder ein frisches Kirschkompott
25 g Zucker
ein gutes Vanilleeis zum Servieren

Für den französischen Toast

2 EL Milch
2 Eier
3 gehäufte TL Zucker
2 Msp Zimt
4 Scheiben Brioche
25 g Butter zum Braten

Die Kirschen entsteinen und beiseitestellen. Sirup und 25 g Zucker in einen Topf geben und langsam erhitzen, bis sich der Zucker aufgelöst hat. Die Hitze erhöhen und den Sirup 8–10 Minuten kochen, bis er zähflüssig und glänzend geworden ist. Die Kirschen zugeben und kurz warm werden lassen.

Für den französischen Toast Milch, Eier, Zucker und Zimt in einem tiefen Teller aufschlagen und die Briochescheiben kurz von beiden Seiten darin einweichen. Die Butter in einer Pfanne zerlassen und die Brioches darin von beiden Seiten je 2–3 Minuten goldgelb rösten.

Den französischen Toast jeweils auf einen Teller legen, die Kirschen mit einem Löffel auf den Scheiben verteilen, eine Kugel Vanilleeis daraufsetzen und mit etwas Kirschsauce beträufelt servieren.

Rote Kirsch- und Beerenmarmelade

Für mich die köstlichste Marmelade des ganzen Buches! Die Kombination der verschiedenen Früchte schmeckt definitiv noch besser als einzeln eingemachte Fruchtsorten. Eigentlich sollte diese Marmelade nicht zu fest sein, aber Sie können sie natürlich auch länger kochen, damit sie besser geliert.

Ergibt etwa 1,5 Liter

600 g Kirschen, entsteint und halbiert
450 g nicht zu reife Erdbeeren, geputzt und in große Stücke geschnitten
225 g Himbeeren
Saft von 2 Zitronen
1 kg Gelierzucker 2:1

Sämtliche Zutaten in eine große Schüssel geben, miteinander vermischen und 2 Stunden ziehen lassen, damit der Saft der Früchte austreten kann.

Die Mischung in einen großen Topf umfüllen und langsam erhitzen. 10–15 Minuten köcheln lassen und dabei immer wieder umrühren, damit sich der Zucker auflöst und die Früchte langsam weich werden. Anschließend die Temperatur erhöhen und weitere 10–15 Minuten bzw. so lange kochen, bis die Marmelade geliert.

Die Marmelade 10 Minuten ruhen lassen. In warme, sterilisierte Gläser füllen und diese luftdicht verschließen.

Gemischte Beerenmarmelade

Es ist, als hätte man die Fülle des Sommers in Gläsern eingefangen, denn diese leuchtend rote Marmelade schmeckt, als seien die Beeren eben erst geerntet worden. Die Marmelade eignet sich wunderbar als Belag auf Toast und schmeckt großartig zu Eis. Ich mag sie lieber nicht zu fest, denn sie schmeckt dann frischer und ist vielseitiger verwendbar. Falls Sie die Ernte der Schwarzen Johannisbeeren verpasst haben sollten, erhöhen Sie einfach die Menge einer anderen Frucht, oder ersetzen Sie die Schwarzen Johannisbeeren durch ein anderes Beerenobst, auch wenn gerade das fruchtig-herbe Aroma der Schwarzen Johannisbeeren diese Marmelade zu etwas ganz Besonderem macht.

Ergibt etwa 1,4 Liter
Mindestens ein Jahr lang haltbar

500 g Erdbeeren, geputzt und halbiert
350 g Schwarze Johannisbeeren
350 g Himbeeren
Saft von 2 Zitronen
Saft einer Orange
1 kg Gelierzucker 2:1

Sämtliche Zutaten in einer Schüssel gut miteinander vermischen und anschließend 2 Stunden ziehen lassen, damit der Saft der Früchte austreten kann.

Danach die Beerenmischung in einen großen Topf füllen und langsam erhitzen. 10–15 Minuten gelegentlich umrühren, bis sich der Zucker aufgelöst hat und die Früchte langsam weich werden. Anschließend die Temperatur erhöhen und die Beerenmischung 10–15 Minuten bzw. so lange kochen lassen, bis der Gelierpunkt erreicht ist.

Die Marmelade noch 10 Minuten ruhen lassen. In warme, sterilisierte Gläser füllen und diese luftdicht verschließen.

JOGHURTEIS MIT GEMISCHTEN BEEREN

Meine Großmutter Sybil hat häufig auf die Schnelle ein wunderbares Eis aus Vanillesauce und einem Glas Marmelade gezaubert. Mein Vater glaubt, dass sie es im Winter draußen gefrieren ließ, weil sie schon Jahre, bevor man zu Hause eine Tiefkühltruhe hatte, Eis gemacht hat. Dieses Rezept ist meine Variation, wobei ich Joghurt untermische, um dem Eis eine säuerliche Note zu geben.

Ergibt 1,5 Liter

500 g cremiger Naturjoghurt (Sie können auch fettreduzierten Joghurt verwenden)
500 g dicke Vanillesauce
500 ml gemischte Beerenmarmelade (siehe linke Spalte) oder eine andere säuerliche rote Marmelade Ihrer Wahl

In einer Schüssel Joghurt, Vanillesauce und Marmelade miteinander verrühren. Die Mischung in einen kältebeständigen Behälter gießen und etwa 1½ Stunden gefrieren lassen, bis sich erste Eiskristalle gebildet haben. Die Mischung in der Küchenmaschine aufschlagen, zurück in den Behälter geben und wieder einfrieren, bis sie zu Eis geworden ist. Nach Geschmack in Eiswaffeln servieren.

JOGHURTEIS MIT GEMISCHTEN BEEREN

Rotes Johannisbeergelee

Ich kann mich noch gut daran erinnern, wie ich als Kind Rote und Weiße Johannisbeeren sowie Pflaumen an unserem kleinen Gartentor, wo häufig Besucher des Sissinghurst Castle vorbeikamen, verkauft habe. Vor allem erinnere ich mich noch daran, wie einmal Amerikaner mich fragten, ob Weiße Johannisbeeren auch süß schmeckten und ob man sie einfach so essen könne. „O ja", antwortete ich und freute mich über ein weiteres 50-Pence-Stück, um mein Taschengeld aufzubessern.

Ergibt etwa 1,5 Liter
Bis zu einem Jahr lang haltbar

1 kg Rote Johannisbeeren, gewaschen, aber nicht entstielt
etwa 500 g Gelierzucker 2:1

Die Roten Johannisbeeren mit 250 ml Wasser in einen Topf geben und 20–30 Minuten kochen, bis die Früchte weich und aufgeplatzt sind. Die Früchte in ein Safttuch füllen und über Nacht abtropfen lassen.

Die Flüssigkeit abmessen und pro 600 ml Saft 450 g Zucker verwenden. Beides in einen Topf geben und unter ständigem Rühren sanft erhitzen, bis sich der Zucker aufgelöst hat. Danach die Temperatur erhöhen und 15 Minuten sprudelnd kochen lassen. Wenn die Gelierprobe gelingt, das Gelee in warme, sterilisierte Weckgläser füllen und diese luftdicht verschließen.

Variation: Rotes Johannisbeergelee mit Rosmarin

Wie oben beschrieben verfahren und mit dem Zucker 2 EL Portwein und 2 TL sehr fein gehackten Rosmarin zugeben.

CUMBERLAND-GELEE

Dieses Gelee ist leicht herzustellen und schmeckt um die Weihnachtszeit herum einfach sagenhaft gut zu Wild und kaltem Braten. Ich mache meist die doppelte Menge Johannisbeergelee, und wenn der Zucker zugefügt werden muss, bereite ich aus der einen Hälfte Cumberland-Gelee.

Ergibt etwa 1,5 Liter
Bis zu einem Jahr lang haltbar

1 kg Rote Johannisbeeren, gewaschen, aber nicht entstielt
150 ml Portwein
Schale von 2 unbehandelten Zitronen, Saft einer Zitrone
Schale von 2 großen, unbehandelten Orangen, Saft einer Orange
1 ½ gehäufte TL Senfpulver
¾ TL Ingwerpulver
etwa 500 g Gelierzucker 2:1

Die Roten Johannisbeeren und 250 ml Wasser in einen Topf geben und 20–30 Minuten kochen bzw. bis die Früchte weich und aufgeplatzt sind. Die Früchte in ein Safttuch geben und über Nacht abtropfen lassen.

Die Flüssigkeit abmessen und in einen Topf gießen. Portwein, gesiebten Zitronen- und Orangensaft, Zitronen- und Orangenschale, Senfpulver und Ingwer sowie 450 g Zucker pro 600 ml Fruchtsaft dazugeben.

Die Mischung langsam erhitzen, bis sich der Zucker aufgelöst hat, danach aufkochen, 15 Minuten sprudelnd kochen lassen und eine Gelierprobe machen. Gelingt diese, das Gelee in warme, sterilisierte Gläser füllen, ansonsten noch etwas weiterkochen lassen und dann erneut eine Gelierprobe machen.

CUMBERLAND-SCHINKENBRATEN

Bei mir kommt regelmäßig ein großer Schinkenbraten auf den Tisch, egal ob wir gerade etwas zu feiern haben oder nicht. Auch wenn es kein ganz billiges Essen ist, so ist es doch immer ein schönes Gericht für viele Esser, und aus den Resten lassen sich weitere köstliche Gerichte zaubern wie Aufläufe mit Schinken und Hühnerfleisch, Schinkensuppe oder Schinken im Topf (Seite 123).

Für 10–12 Personen

1 ungeräucherter Schinkenbraten (4 kg) aus der Keule
3 Stangen Staudensellerie, jeweils in 3 Stücke geschnitten
3 Möhren, geschält und in große Stücke geschnitten
1 Zwiebel, abgezogen und geviertelt
1 kleines Bund Petersilie
3 Lorbeerblätter
12 Pfefferkörner

Für die Glasur

4 EL Cumberland-Gelee (siehe Seite 67)
1 ½ EL grobkörniger Senf

Das Schinkenstück in einen großen Topf geben und diesen mit Wasser auffüllen, bis das Fleisch bedeckt ist. Gemüse, Kräuter und Pfefferkörner zugeben und zugedeckt aufkochen. Die Temperatur reduzieren und halb zugedeckt 2 Stunden und 20 Minuten köcheln lassen. Anschließend das Schinkenstück an einem kühlen Ort in der Flüssigkeit abkühlen lassen. Den Ofen auf 220 °C (Gas Stufe 7) vorheizen.

Das Schinkenstück aus der Flüssigkeit (die Sie beiseitestellen sollten) heben, auf ein Brett legen und mit einem scharfen Messer die Haut abschneiden, nicht aber das Fett entfernen. Anschließend das Schinkenstück auf ein tiefes Backblech legen.

In einer kleinen Schüssel Cumberland-Gelee und Senf mischen und mit der Hälfte davon das Fleisch bepinseln. So viel von der Brühe auf das Backblech gießen, dass die Unterseite des Schinkenstücks bedeckt ist. Das Fleisch 30–40 Minuten im Ofen backen, bis die Glasur braun geworden ist. Nach der Hälfte der Backzeit die restliche Glasur auftragen und eventuell noch Brühe nachgießen, falls diese schon eingekocht ist.

Falls Sie den Schinkenbraten heiß essen, können Sie die verbleibende Brühe auf dem Blech als Sauce reichen bzw. vor dem Anrichten die restliche Brühe erhitzen. Den gebackenen Schinkenbraten vor dem Servieren 15 Minuten an einem warmen Ort ruhen oder erst vollständig auskühlen lassen und kalt genießen.

Schwarze Johannisbeermarmelade

Meine Urgroßmutter Pom hat immer Marmelade aus Schwarzen Johannisbeeren gemacht und war der Ansicht, dass ein Löffel dieser Marmelade in kochendem Wasser aufgelöst das beste Hausmittel gegen Erkältungen sei. (Ich glaube, sie war auch überzeugt, dass starke Martinis und Cocktails auf Wodkabasis ebenfalls eine medizinische Wirkung hätten, und sorgte deshalb dafür, dass sie immer die nötigen Zutaten im Haus hatte. Immerhin wurde sie auf diese Weise über neunzig Jahre alt!) Dieses Rezept ergibt eine recht große Menge Marmelade, aber Sie können natürlich auch die halbe Menge Obst und Zucker nehmen, nur müssen Sie dann auch die Garzeit etwas reduzieren.

Ergibt etwa 3 Liter
Mindestens ein Jahr lang haltbar

1,8 kg Schwarze Johannisbeeren, abgezupft und gewaschen
1,8 kg Gelierzucker 2:1

Die Schwarzen Johannisbeeren mit 200 ml Wasser in einen großen Topf geben, aufkochen und bei reduzierter Hitze 25 Minuten köcheln lassen, bis die Beeren weich sind.

Den Zucker zugeben und so lange rühren, bis er sich aufgelöst hat. Die Temperatur erhöhen, 5–8 Minuten sprudelnd kochen lassen und danach eine Gelierprobe machen.

Gelingt diese, den Topf vom Herd nehmen und die Marmelade 30 Minuten abkühlen lassen. Gelegentlich umrühren, dann in warme, sterilisierte Gläser füllen und diese luftdicht verschließen.

Estragonessig

Wer diesen Essig einmal in seinem Küchenschrank stehen hat, wird ihn immerzu verwenden.

Ergibt 500 ml
Bis zu sechs Monate lang haltbar
3 EL klein gehackter frischer Estragon
500 ml Weißweinessig

Essig und Estragon in ein sterilisiertes Weckglas geben und dieses luftdicht verschließen. 3 Wochen ruhen lassen und vor dem Abfüllen den Essig durch ein engmaschiges Sieb in eine sterilisierte Flasche gießen.

Variation: Basilikumessig

Anstelle des Estragons einfach 4 EL klein gehacktes frisches Basilikum zugeben und verfahren wie oben beschrieben.

GEFLÜGELSALAT MIT GARNELEN UND ESTRAGONSAUCE

Ein wunderbares und etwas ausgefallenes Gericht für Familienfeste.

Für 4 – 6 Personen
1 1,6 kg schweres Huhn
Salz und frisch gemahlener schwarzer Pfeffer
½ Zitrone
Olivenöl zum Beträufeln
250 g gekochte und geschälte Riesengarnelenschwänze
25 g geröstete Mandelblättchen
Für das Dressing
1 großes Eigelb
1 gehäufter TL grobkörniger Senf
1 TL Zucker
100 ml mildes Olivenöl
1½ EL Estragonessig (siehe linke Spalte) oder 1½ EL Weißweinessig
4 EL Crème fraîche
1 gehäufter EL klein gehackter frischer Estragon

Den Ofen auf 220 °C (Gas Stufe 7) vorheizen. Das Huhn salzen, in einen Bräter geben, mit Olivenöl beträufeln und die halbe Zitrone in die Bauchhöhle stecken. Das Huhn 15 Minuten im Ofen braten, anschließend die Temperatur auf 180 °C (Gas Stufe 4) reduzieren, das Huhn mit dem Bratensaft übergießen und weitere 50 Minuten im Ofen garen, bis klarer Saft aus dem Schenkel austritt, wenn man ihn einsticht. Im Bräter abkühlen lassen, entbeinen und in mundgerechte Stücke schneiden. Bis zur weiteren Verwendung kalt stellen.

Für das Dressing das Eigelb mit 2 Teelöffeln warmem Wasser in eine Schüssel geben, Senf, Zucker, Salz und Pfeffer zufügen und alles zusammen mit dem Schneebesen aufschlagen. Nach und nach das Öl zugießen und mit dem Schneebesen aufmontieren, bis eine dickliche Sauce entsteht. Den Essig unter Rühren zugießen, danach Crème fraîche und Estragon einrühren. Abschmecken, das Hühnerfleisch und die Garnelen untermischen und bis zu 2 Stunden in den Kühlschrank stellen. Danach den Salat in eine Servierschüssel umfüllen, mit den Mandelblättchen bestreuen und auf knackig grünen Salatblättern servieren.

Stangenbohnen-Relish

Ein schnell herzustellendes Relish, dessen Geschmack immer intensiver wird, je länger man es stehen lässt. Ich würde mit dem Verzehr mindestens 4 Wochen warten. Dieses Relish schmeckt wunderbar zu kaltem Schweinebraten oder zu Lammfleisch.

Ergibt 2,5 Liter
Mindestens sechs Monate lang haltbar

2 große Zwiebeln, abgezogen und fein gehackt
1 dicke Knoblauchzehe, abgezogen und in Scheiben geschnitten
1 rote Chilischote, entkernt und fein gehackt
1 l Malzessig
550 g Demerara-Zucker
1 gehäufter TL gelbe Senfkörner
1 TL grobes Meersalz
1 kg Stangenbohnen, geputzt, Fäden entfernt und schräg in 2 cm lange Stücke geschnitten
2 EL Maismehl
2 TL Kurkumapulver
1 TL englisches Senfpulver

Zwiebeln, Knoblauch, Chili, Essig, Zucker, Senfkörner und Salz in einen großen Topf geben und aufkochen. 20 Minuten köcheln lassen, die Bohnen zufügen und weitere 15 Minuten kochen.

In der Zwischenzeit in einer kleinen Schüssel Maismehl, Kurkuma und Senfpulver mit etwas Wasser zu einer flüssigen Paste verrühren. Diese in den Topf gießen und so lange rühren, bis die Paste gut untergemischt ist. Weitere 15 Minuten köcheln lassen. Anschließend in sterilisierte Gläser füllen und diese luftdicht verschließen. Vor dem Verzehr mindestens 4 Wochen ruhen lassen.

Mais-Relish

Dieses Relish hat nichts zu tun mit der viel zu süßen sirupartigen Maispampe, die man im Supermarkt kaufen kann. Probieren Sie dieses Mais-Relish zu gegrillten Hamburgern oder zu gegrilltem Hühnchen. Es schmeckt auch gut zu warmen und kalten Braten und auf Sandwiches.

Ergibt 1,5 Liter
Mindestens ein Jahr lang haltbar

5 frische Maiskolben
2 Paprikaschoten (Farbe nach Geschmack), entkernt und klein gehackt
3 Stangen Staudensellerie, fein gehackt
1 Zwiebel, abgezogen und fein gehackt
2 Knoblauchzehen, abgezogen und fein gehackt
1–2 rote Chilischoten (je nach Geschmack), entkernt und fein gehackt
350 g Zucker
450 ml Apfelessig
Meersalz
50 g Mehl
1 TL gelbe Senfkörner
¾ TL Kurkumapulver
½ TL Selleriesamen

In einem großen Topf Wasser zum Kochen bringen und die Maiskolben 4 Minuten darin blanchieren. Den Topf vom Herd nehmen, 200 ml Kochwasser in einen Messbecher abfüllen, den Rest weggießen und die Maiskolben abtropfen und etwas abkühlen lassen.

Über einem Brett mit einem großen, scharfen Messer an den Maiskolben längs entlangfahren, um die Maiskörner zu lösen.

Maiskörner, Paprika, Sellerie, Zwiebel, Knoblauch und Chili in einen Topf geben. Zucker, Essig und die Kochflüssigkeit zugeben und etwas Meersalz darüberstreuen. Alles aufkochen und unter gelegentlichem Rühren 10 Minuten kochen.

In der Zwischenzeit Mehl, Senfkörner, Kurkuma und Selleriesamen miteinander vermischen und so viel Wasser zugeben, dass eine dickflüssige Paste (mit einer Konsistenz von Sahne) entsteht. Diese in den Topf gießen und einrühren. Weitere 15 Minuten köcheln lassen und in warme, sterilisierte Gläser füllen.

Eingemachte Pfirsiche mit Muskatwein

Dieses Kompott schmeckt entweder warm oder eiskalt hervorragend zu Vanilleeis oder zu etwas Mascarpone mit Vanillezucker. Man kann die Pfirsiche nach dem Einkochen direkt aus dem Topf servieren, wenn man sie einfach so lange in der Flüssigkeit gart, bis sie weich sind. Je nach Geschmack lassen sich die Pfirsiche auch durch Nektarinen ersetzen.

Bis zu sechs Monate lang haltbar

7–8 Pfirsiche
375 ml Muskatwein
250 g Zucker

Den Ofen auf 160 °C (Gas Stufe 3) vorheizen. Muskatwein, Zucker und 250 ml Wasser in einen Topf geben, aufkochen und 10 Minuten köcheln lassen.

In der Zwischenzeit jeden Pfirsich an der Unterseite kreuzweise einschneiden und 2 Minuten mit in den Topf geben. Die Pfirsiche mit einem Schaumlöffel herausheben und die Haut abziehen.

Die Pfirsiche eng zusammen in ein warmes, sterilisiertes Glas füllen und den Sirup darübergießen. Eine feuerfeste Form mit einem Geschirrhandtuch auslegen und das Glas daraufstellen. Die Form 2 cm hoch mit Wasser auffüllen und 30 Minuten im Ofen erhitzen. Anschließend das Glas luftdicht verschließen.

CRÈME BRÛLÉE MIT PFIRSICHEN UND NEKTARINEN

Dieses Dessert ist keine Crème brûlée im eigentlichen Sinn. Es wird jedoch genauso mit Zucker karamellisiert wie das französische Vorbild. Dafür ist diese Speise wesentlich fruchtiger und nicht so gehaltvoll, deshalb wunderbar als Dessert nach einem Mittagessen oder einem mehrgängigen Menü geeignet. Als Basis kann jedes rohe, klein geschnittene Obst verwendet werden – ich habe auch schon reife Sommerbeeren und Pflaumenkompott kombiniert. Wer es gesünder mag, sollte fettarme Crème fraîche verwenden – wenn das Dessert dadurch etwas flüssiger wird, kann man es einfach 20 Minuten einfrieren, bevor man die Oberfläche karamellisiert. Ich empfehle zum Karamellisieren einen Bunsenbrenner, aber ein leistungsstarker Ofengrill erfüllt seinen Zweck genauso.

Für 6–8 Personen

8 in Muskatwein eingekochte Pfirsiche (siehe linke Spalte) plus 5 EL von ihrem Sirup oder 8 rohe, reife Pfirsiche (nach der auf Seite 79 beschrieben Methode gehäutet)
400 g Himbeeren
500 g griechischer Joghurt
500 g Schlagsahne
Mark einer Vanilleschote oder 1 TL Vanillepulver
1 gehäufter EL Streuzucker plus 150 g, um die Oberfläche zu karamellisieren

Die Pfirsiche in Stücke schneiden und diese auf dem Boden einer 10 x 13 cm großen Auflaufform oder in 6 kleine Backförmchen verteilen. Die Himbeeren darübergeben und mit dem Sirup beträufeln.

Joghurt, Schlagsahne, Vanille und einen gehäuften Esslöffel Zucker miteinander vermischen und auf den Himbeeren verteilen. Mindestens 2 Stunden im Kühlschrank ruhen lassen. Kurz vor dem Servieren 150 g Zucker als dicke Schicht auf die Joghurtmasse streuen und mit einem Bunsenbrenner karamellisieren. Alternativ den Ofengrill auf höchste Stufe vorheizen, Auflaufform oder Förmchen in eine, mit Eiswasser gefüllte, ofenfeste Form stellen (damit das Dessert nicht zu warm wird) und so nahe wie möglich unter den Grill schieben. Kurz abkühlen lassen, bis der Zucker hart geworden ist.

Pfirsich-Nektarinen-Chutney

Dieses fruchtige Chutney passt wunderbar zu warmem oder kaltem Schinkenbraten und jungen Kartoffeln. Alternativ ausschließlich Pfirsiche oder Nektarinen verwenden.

Ergibt etwa 900 ml
Mindestens ein Jahr lang haltbar

1 große Zwiebel, abgezogen und fein gehackt
2 Knoblauchzehen, abgezogen und fein gehackt
1–2 rote Chilischoten, entkernt und fein gehackt (wer's schärfer mag, sollte noch eine weitere Chilischote zufügen)
1 TL Ingwerpulver
½ TL schwarze Senfkörner
½ TL gelbe Senfkörner
350 ml Apfelessig
300 g Demerara-Zucker
5 Nektarinen
5 Pfirsiche
Saft einer Limette

Zwiebeln, Knoblauch, Chili, Ingwer, Senfkörner und Essig in einen großen Topf geben, aufkochen und dann bei reduzierter Hitze 15 Minuten köcheln lassen. Zucker einrühren und weitere 15 Minuten köcheln lassen.

In der Zwischenzeit die Früchte an der Unterseite kreuzweise einschneiden und in eine große Schüssel geben. Mit kochend heißem Wasser übergießen, 2 Minuten ruhen, dann abtropfen lassen, mit kaltem Wasser abschrecken und die Haut abziehen.

Die Früchte in Schnitze schneiden und die Hälfte davon mit in den Topf geben. 40 Minuten köcheln lassen und dabei gelegentlich umrühren. Anschließend die restlichen Schnitze zugeben und weitere 10 Minuten kochen. Limettensaft unterrühren. Das Chutney in warme, sterilisierte Weckgläser gießen und diese luftdicht verschließen.

Süße Schalotten in Aceto balsamico

Bei uns sind Silberzwiebeln beinahe unmöglich zu bekommen, daher habe ich Schalotten gewählt. Nehmen Sie einfach, was Ihnen besser schmeckt. In einem richtig deftigen Essen sind diese kleinen Zwiebeln wahrlich der Hit. Ich habe das Gewicht der Zwiebeln nicht genau festgelegt, weil es von der Größe der von Ihnen gewählten Gläser abhängt.

Ergibt 2 Liter
Zwei Jahre lang haltbar

1,2–1,4 kg kleine, süßliche Schalotten oder Silberzwiebeln
200 g feines Salz
100 g dunkelbrauner, weicher Zucker
7 Gewürznelken
½ TL zerdrückte Chilischote
350 ml Aceto balsamico
350 ml guter Rotweinessig
frische Lorbeerblätter (1 pro Glas)

Das obere und untere Ende der Schalotten bzw. Zwiebeln mit einem scharfen Messer abschneiden und die Zwiebeln in eine Schüssel geben. Mit kochend heißem Wasser übergießen, 5 Minuten ruhen, dann abtropfen lassen, abschrecken, erneut abtropfen lassen und mit einem Messer abziehen.

Das Salz in eine große Glasschüssel geben und 500 ml kochend heißes Wasser darübergießen. So lange umrühren, bis sich das Salz aufgelöst hat, und dann 1 Liter kaltes Wasser und die Zwiebeln zufügen. In einem Krug Zucker, Nelken, Chili, die beiden Essigsorten und 300 ml Wasser mischen. Den Inhalt beider Behälter über Nacht marinieren lassen.

Nach etwa 12 Stunden, die Zwiebeln abtropfen lassen und unter kaltem Wasser sorgfältig abspülen. In der Zwischenzeit die Gläser im Ofen sterilisieren. Die Essigmischung in einen Topf geben und erhitzen, aber nicht kochen lassen.

Die Zwiebeln dicht gepackt in warme Weckgläser füllen und den warmen Essig darübergießen, bis er die Zwiebeln vollständig bedeckt. In jedes Glas ein Lorbeerblatt geben, die Gläser luftdicht verschließen und vor dem Verzehr 6 Wochen ruhen lassen.

COQ AU VIN

Wer will, kann seine Gäste beeindrucken und dieses Gericht „Backofenhuhn mit Pancetta, Rotwein und Aceto-balsamico-Schalotten" nennen. Aber egal, wie man es bezeichnet, es ist in erster Linie ein besonders feines Essen, das man am besten gleich in der Küche genießt.

Für 6 Personen

1 Flasche Rotwein (750 ml)
2 Knoblauchzehen, abgezogen und in Scheiben geschnitten
3 Lorbeerblätter
2 TL frische Thymianblätter
etwas Olivenöl
Salz und frisch gemahlener schwarzer Pfeffer
6 Hähnchenkeulen und 6 Hähnchenschenkel mit Haut
75 g gewürfelte Pancetta
3 Stangen Staudensellerie, in Scheiben geschnitten
2 gehäufte EL Mehl
575 ml Hühnerbrühe (am besten frisch gekocht)
9 süße Schalotten in Aceto balsamico (siehe linke Spalte), abgetropft und halbiert
250 g braune Champignons, geviertelt

Den Ofen auf 150 °C (Gas Stufe 2) vorheizen. Den Wein in eine ofenfeste Kasserolle mit Deckel gießen, Knoblauch, Lorbeerblätter und Thymian zugeben, aufkochen und bis auf ein Drittel einkochen lassen. Anschließend die Temperatur reduzieren, bis der Wein nur noch leicht blubbert.

In der Zwischenzeit etwas Öl in einer Bratpfanne erhitzen, die Fleischstücke würzen, nach und nach rundum goldbraun anbraten und dann in die Kasserolle geben.

Pancetta und Sellerie in der Pfanne 5 Minuten anbraten. Das Mehl zugeben, gut rühren und nach und nach die Hühnerbrühe zugießen, aufkochen lassen und mit in die Kasserolle geben. Zuletzt die eingelegten Schalotten zufügen, mit reichlich Salz und Pfeffer würzen, erneut aufkochen lassen und den Topf zugedeckt in den Ofen schieben.

Nach 30 Minuten die Kasserolle aus dem Ofen nehmen und die Pilze zugeben und untermischen. Weitere 10 Minuten zugedeckt im Ofen garen.

Wer eine konzentrierte Sauce mag, hebt die Fleischstücke und das Gemüse mit dem Schaumlöffel aus dem Topf und kocht die Sauce auf dem Herd erneut mindestens 5 Minuten ein. Danach die Sauce abschmecken und alles zusammen mit Reis oder Kartoffelbrei servieren.

SÜSSE SCHALOTTEN IN ACETO BALSAMICO

Lavendelzucker

Entweder man liebt den Geschmack von Lavendel oder man hasst ihn. Auf jeden Fall sollten Sie nicht zu viel Lavendel benutzen, weil er mit seinem starken Aroma alles andere leicht übertüncht.
Aromatisierter Zucker macht auch Kindern beim Kochen und Backen großen Spaß und eignet sich daher ideal als Geschenk.

Ergibt 150 g

10 Lavendelblüten
150 g Streuzucker

Die Blüten und den Zucker zusammen in ein Glas geben und drei Tage ziehen lassen. Zwischendurch immer wieder schütteln. Anschließend die Blüten entfernen und den aromatisierten Zucker bis zur weiteren Verwendung kühl und trocken lagern.

Vanillezucker

Für viele Rezepte braucht man nur das Vanillemark – doch mit den Schoten lässt sich kinderleicht ein wunderbarer Vanillezucker herstellen.

Ergibt 175 g

1 Vanilleschote, ganz oder das Mark entfernt
175 g Streuzucker

Zucker und Vanilleschote in eine Küchenmaschine geben und gut miteinander mixen. Den Zucker in ein Glas füllen und bis zum Gebrauch luftdicht verschließen.

PANNA COTTA MIT LAVENDEL

Panna cotta lässt sich mit den unterschiedlichsten Aromen kombinieren – mit dem Mark einer Vanilleschote, einem Schluck Espresso oder Jasmintee (diese drei gehören zu meinen Favoriten). Ich denke, es ist wichtig, gefühlvoll vorzugehen und das jeweilige Aroma langsam und sparsam hinzuzufügen, bis man es nur als Hauch wahrnimmt.

Für 6 Personen

500 g Schlagsahne
400 ml Vollmilch
150 g Lavendelzucker (siehe Seite 82)
4 ½ Blatt Gelatine (je 11 x 7 cm)
6 frische Lavendelzweige zum Garnieren

In einem Topf Sahne, Milch und Zucker langsam erhitzen, bis sich der Zucker aufgelöst hat und die Flüssigkeit heiß ist, aber noch nicht kocht.

In der Zwischenzeit die Gelatine 5 Minuten in einer Schale mit kaltem Wasser einweichen. Die Gelatine ausdrücken und in die Flüssigkeit einrühren, bis sie sich vollständig aufgelöst hat. Die heiße Sahnemischung in sechs individuelle Becherförmchen oder in größere Souffléförmchen gießen, abkühlen lassen und 4–6 Stunden kalt stellen.

Kurz vor dem Servieren die Förmchen einzeln ein paar Sekunden in eine Schale mit kochendem Wasser halten, auf Dessertteller stürzen und mit je einem Lavendelzweig garnieren.

Erdbeermarmelade mit Orange

Beim Herstellen von Erdbeermarmelade ist es manchmal etwas schwierig, den richtigen Gelierpunkt zu finden. Haben Sie einfach Geduld, und machen Sie mehrere Gelierproben, bis die Marmelade zu Ihrer Zufriedenheit geliert.

Ergibt etwa 1,5 Liter
Mindestens ein Jahr lang haltbar

1 kg nicht zu reife Erdbeeren, geputzt und halbiert

Saft von 2 großen Zitronen

abgeriebene Schale von zwei unbehandelten Orangen

500 g Gelierzucker 2:1

Die Zutaten in eine Schüssel geben und sorgfältig miteinander vermischen. Die Mischung 2 Stunden ziehen lassen, damit der Saft aus den Früchten austritt.

Die Mischung in einen großen Topf umfüllen und unter ständigem Rühren sanft erhitzen, bis sich der Zucker aufgelöst hat. Anschließend aufkochen und etwa 10 Minuten sprudelnd kochen, bis die Gelierprobe gelingt. Die Marmelade 15 Minuten abkühlen lassen, in warme, sterilisierte Gläser füllen und diese luftdicht verschließen.

Herbst

Großmutters grünes Tomaten-Chutney

Jeder aus der Familie meines Vaters erinnert sich an Großmutter Sybils unglaubliches Chutney aus grünen Tomaten. Ich bin sicher, dass sie es nur erfand, um all die unreifen Tomaten aus dem Garten verwerten zu können, denn meine Großeltern hassten es, irgendetwas zu vergeuden. Bedauerlicherweise war dieses Rezept wie so vieles andere nach dem Tod Sybils unauffindbar. Nach langen Debatten mit verschiedenen Familienmitgliedern habe ich versucht, das Chutney aus meiner Erinnerung nachzukochen. Ich denke, wir konnten uns an alle Zutaten erinnern – und ebenso daran, welche es zu ihrer Zeit unmöglich gegeben haben konnte. Hoffentlich dreht sich meine Großmutter nicht im Grabe um!

Ergibt etwa 1,7 Liter
Mindestens ein Jahr lang haltbar

1 kg grüne Tomaten, geviertelt
500 g Zwiebeln, abgezogen und in Schnitze geteilt
500 g Kochäpfel, geschält, entkernt und geviertelt
225 g Sultaninen
3 Knoblauchzehen, abgezogen und zerdrückt
2 TL gelbe Senfkörner
1½ TL gemahlener Ingwer
1 TL Cayennepfeffer
1 gehäufter TL grobes Meersalz
½ TL Piment
575 ml Malzessig
400 g dunkelbrauner, weicher Zucker

In der Küchenmaschine nach und nach die Tomaten mit den Zwiebeln und den Äpfeln grob pürieren. Die restlichen Zutaten bis auf den Zucker zugeben und alles aufkochen lassen. Die Temperatur reduzieren und die Mischung 1 Stunde köcheln lassen, dabei gelegentlich umrühren.

Den Zucker sorgfältig einrühren und alles zusammen 1 weitere Stunde köcheln lassen, dabei alle 15 Minuten umrühren. Am Ende sollte der Großteil der Flüssigkeit verdampft sein und ein Holzlöffel im Püree eine Furche hinterlassen (je nach Zutaten kann die Kochzeit etwas variieren, daher einfach immer mal wieder nachschauen und umrühren).

Das heiße Chutney mithilfe einer Schöpfkelle und eines Marmeladentrichters in warme, sterilisierte Gläser füllen und diese luftdicht verschließen.

Herbstliche Himbeermarmelade

Ich bin zwar fast immer spät dran, aber bei dieser Marmelade lohnt es sich meiner Meinung nach sogar, bis zum Spätsommer zu warten. Für dieses Rezept eignen sich am besten große, saftige Himbeeren mit viel Aroma.

Ergibt etwa 1,5 Liter
Mindestens ein Jahr lang haltbar

1,2 kg Himbeeren
Saft von 2 Zitronen
500 g Gelierzucker 2:1

Sämtliche Zutaten in eine Schüssel geben und umrühren. Die Mischung 2 Stunden lang ziehen lassen, damit der Saft der Früchte austritt.

Die Mischung in einem Topf sanft erhitzen, bis sich der Zucker aufgelöst hat, dann aufkochen und 5–10 Minuten sprudelnd kochen lassen, bis die Marmelade den Gelierpunkt erreicht.

Die Marmelade in warme, sterilisierte Gläser füllen und diese luftdicht verschließen.

Variation: Himbeermarmelade mit Kirschwasser

Die Marmelade wie oben beschrieben zubereiten und beim Erreichen des Gelierpunkts je nach Geschmack 2–3 EL Kirschwasser unterrühren.

GEBACKENER HIMBEERPUDDING

Eines meiner Lieblingsdesserts, das ich entweder mit Himbeer- oder mit Aprikosenmarmelade zubereite. Es ist einfacher, eine große Auflaufform zu verwenden, aber Sie können auch sechs einzelne Souffléförmchen benutzen und dann die Backzeit etwas reduzieren. Wie viel Marmelade Sie beim Backen darüberstreichen, hängt von Ihrem Geschmack ab – vielleicht haben Sie es gern wie ich nicht ganz so süß.

Für 6 Personen

575 ml Vollmilch
25 g Butter
150 g frische Semmelbrösel aus am Vortag gekauftem Weißbrot ohne Rinde
40 g Streuzucker plus 50 g für das Baiser
abgeriebene Schale einer unbehandelten Zitrone
3 große Eier, getrennt
2 EL Herbstliche Himbeermarmelade (siehe linke Spalte)
flüssige Sahne zum Servieren

Den Ofen auf 180 °C (Gas Stufe 4) vorheizen. In einem Topf Milch und Butter erhitzen, bis die Butter geschmolzen und die Milch heiß ist. Den Herd ausschalten und Semmelbrösel, Zucker sowie den Zitronenabrieb untermischen. 15 Minuten quellen lassen und mit dem Schneebesen die Eigelbe unterrühren.

Die Mischung gleichmäßig auf eine 26 x 20 x 5 cm große Auflaufform verteilen und 25–30 Minuten im Ofen backen, bis sie gestockt und fest ist. (Bis hierher lässt sich das Rezept gut 1–2 Stunden vor dem Servieren herstellen.)

In einem Topf die Marmelade leicht erwärmen, damit sie flüssiger wird, und diese dann gleichmäßig über die Oberfläche des Puddings streichen. Das Eiweiß schaumig schlagen und bis auf 2 Teelöffel den restlichen Zucker untermischen. Die Baisermischung auf der Marmelade verteilen und mit dem restlichen Zucker bestreuen. Auf der mittleren Schiene 15–20 Minuten im Ofen backen, bis das Baiser goldbraun ist.

Mit einem Kännchen Sahne servieren.

Himbeercello

Meine Schwägerin Tania machte den Vorschlag, den Rest des Wodkas mit den eingelegten Himbeeren als Basis für eine Crème brûlée zu verwenden – eine absolut köstliche Idee. Dieser Likör hat eine wunderbare rosa Farbe und ist daher in Cocktails vermutlich der Hit. Sie können den Wodka auch durch Gin ersetzen.

Ergibt etwa 1 Liter
Mindestens ein Jahr lang haltbar

200 g Himbeeren
750 ml Wodka
200 g Zucker

Himbeeren, Wodka und Zucker in ein großes Weckglas füllen und dieses luftdicht verschließen. 2 Wochen ruhen lassen und dabei zwischendurch das Glas immer wieder schütteln oder auf den Kopf stellen, um Zucker und Früchte gut zu durchmischen.

Den Wodka durch ein feines Sieb in einen Krug füllen und die Himbeeren entweder wegwerfen oder für etwas anderes verwenden. Abschmecken und eventuell noch Zucker zugeben. In eine saubere Flasche füllen und in der Kühltruhe aufbewahren.

Variation: Limoncello

Die Schale von 6 unbehandelten Zitronen und den Saft von 2 Zitronen mit 750 ml Wodka in ein Weckglas geben und dieses luftdicht verschließen. Eine Woche ruhen lassen und dabei das Glas immer mal wieder schütteln oder auf den Kopf stellen.

400 ml Wasser und 450 g Zucker in einem Topf erhitzen, bis sich der Zucker aufgelöst hat. Den Sirup abkühlen lassen, unter den Wodka mischen und weitere 10 Tage ruhen lassen. Durch ein Sieb in Flaschen abfüllen und diese in der Tiefkühltruhe aufbewahren.

HIMBEER-WODKA-SORBET

Ein köstliches Sorbet, das sich ebenso gut in der Eismaschine zubereiten lässt.

Für 6–8 Personen

250 g Zucker
300 ml Zitronensaft (etwa 3–4 große Zitronen)
300 ml Himbercello (siehe linke Spalte)

Zucker und 500 ml Wasser langsam zusammen aufkochen. Nachdem sich der Zucker aufgelöst hat, Zitronensaft und Himbeercello untermischen. Abkühlen lassen.

In einen kältebeständigen Behälter (oder in eine Eismaschine) gießen und 2½ Stunden einfrieren, bis sich erste Eiskristalle gebildet haben.

Mit einer Gabel die Eiskristalle aufbrechen und erneut 4–5 Stunden einfrieren.

Zum Servieren das Sorbet in Gläser füllen und je nach Geschmack noch etwas Likör darübergießen.

HIMBEERCELLO UND LIMONCELLO

Heiliger Schlehengin

Dieses Rezept habe ich netterweise von Pfarrer Kevin Mentzel erhalten, mit dem ich eines Tages im Bauernhofladen zusammenstieß. Ich habe es ganz leicht abgeändert und für unseren Geschmack etwas süßer gemacht. Außerdem habe ich den fantastischen Trick meines Mannes aufgegriffen, die gefrorenen Schlehen mit einer Käsereibe leicht einzustechen. Auf diese Weise muss man nicht erst auf den ersten Frost warten und die Schlehen vor allem nicht mühselig mit einer Nadel einstechen. Je nach Geschmack einfach Gin durch Wodka ersetzen.

Ergibt etwa 2 Liter
Mindestens zwei Jahre lang haltbar

1,2 kg gefrorene Schlehen
600 g Zucker
1,5 l Gin

Die gefrorenen Schlehen auf ein großes Tablett legen und mit der rauen, scharfen Seite einer Käsereibe darüberfahren, um alle Schlehen etwas anzustechen.

Die Schlehen in große, sterilisierte Weckgläser füllen und erst Zucker und dann Gin zugeben. Die Gläser luftdicht verschließen und gut schütteln.

Eine Woche lang einmal täglich schütteln und anschließend drei Monate ziehen lassen. Den Gin durch ein Sieb in saubere Flaschen füllen und die Schlehen wegwerfen.

Variation: Mandel-Schlehen-Gin

Während der Zubereitung 3 unblanchierte Mandeln unter die Schlehen mischen.

SCHLEHEN-GIN-FIZZ

Ein absoluter Lieblingsdrink meiner Familie, vor allem in der Weihnachtszeit, wenn der neue Schlehengin gerade so weit ist, dass man ihn genießen kann. Außerdem ist allein schon die Farbe sehr festlich, und man kann diesen Cocktail sogar noch mit ein paar Himbeeren oder mit Granatapfelkernen garnieren.

Für 6 Personen

12 TL Schlehengin (linke Spalte)
12–18 Himbeeren oder Heidelbeeren
1 Flasche Sekt oder Champagner

Je 2 Teelöffel Schlehengin und 2–3 Himbeeren oder Heidelbeeren in sechs Champagnerflöten geben, mit Sekt oder Champagner auffüllen und sofort servieren.

Pflaumen-Heidelbeer-Marmelade

Heidelbeeren sind für diese Marmelade nicht unbedingt erforderlich, aber da mein Sohn sie so liebt, sind sie mehr oder weniger von alleine mit in den Topf gewandert. Zudem verleihen sie der Marmelade eine wunderbar violette Farbe.

Ergibt etwa 3 Liter
Mindestens ein Jahr lang haltbar

2,5 kg reife rote Pflaumen, entsteint und klein geschnitten
250 g Heidelbeeren
Saft von 4 Zitronen
2 kg Gelierzucker 2:1

In einer Schüssel sämtliche Zutaten miteinander verrühren und die Mischung 2 Stunden ziehen lassen.

Anschließend die Obstmischung in einen Topf umfüllen und sanft kochen, bis die Pflaumen runzelig und weich sind und die Mischung im Topf langsam anschwillt. Die Temperatur erhöhen und 15–20 Minuten kochen, bis die Marmelade ihren Gelierpunkt erreicht hat. Den Topf vom Herd ziehen, die Marmelade 10 Minuten abkühlen lassen und dann in sterilisierte Gläser füllen. Diese luftdicht verschließen.

Variation: Zwetschgen-Pflaumen-Heidelbeer-Marmelade

Die Marmelade wie oben zubereiten, nur die Hälfte der Pflaumen durch ganze Zwetschgen ersetzen. Die Kerne steigen während des Kochens an die Oberfläche und sind dann leicht abzuseihen.

Variation: Reineclaudenmarmelade

Im oben beschriebenen Rezept die Pflaumen und Heidelbeeren durch 2,7 kg Reineclauden ersetzen.

PFLAUMENKUCHEN MIT HEIDELBEEREN UND MANDELN

Ein wirklich einfaches Rezept mit wunderbarem Ergebnis. Ich serviere diesen Kuchen mit kalter Crème fraîche, um ein Gleichgewicht zwischen süß und sauer zu schaffen.

500 g tiefgefrorener Blätterteig, aufgetaut
Mehl, um den Teig auszurollen
Milch, um den Teig zu bepinseln
250 g helles Marzipan
400 g Pflaumen, entsteint und halbiert
25 g Butter
125 g Heidelbeeren
4 EL Pflaumen-Heidelbeer-Marmelade (siehe Seite 99) oder eine andere Beerenmarmelade
25 g gehobelte Mandeln

Den Ofen auf 200 °C (Gas Stufe 6) vorheizen. Den Teig auf einer bemehlten Arbeitsfläche zu einem etwa 30 x 40 cm großen Rechteck ausrollen. Rundherum einen 2 cm breiten Rand abschneiden und verwahren. Das Teigrechteck auf ein Backblech legen und den Rand mit Milch bepinseln. Den Teigrand ankleben und entsprechend in Form ziehen. Den Teigboden mehrfach mit einer Gabel einstechen. Das Marzipan sehr dünn ausrollen und auf den Teigboden legen. Etwas daran zupfen, sodass es im Inneren des Teigrands Platz findet, und etwas zusammendrücken, damit es am Ende aussieht wie ein ungemachtes Bett. Die Pflaumenhälften darauf mit der Schnittseite nach oben verteilen und Butterflöckchen und Heidelbeeren darüberstreuen (bis hierhin lässt sich der Kuchen auch am Vortag zubereiten und über Nacht im Kühlschrank aufbewahren).

Die Marmelade mit 3 Esslöffeln Wasser erwärmen, damit sie etwas flüssiger wird, und die Hälfte davon über die Pflaumen träufeln. Die Mandeln über den Kuchen streuen und den sichtbaren Teig mit Milch bepinseln. Etwa 20 Minuten im Ofen backen.

Den Kuchen kurz aus dem Ofen holen, mit der restlichen Marmelade beträufeln und erneut 10–15 Minuten backen, bis der Teig golden ist und die Pflaumen weich sind. Warm oder kalt mit Crème fraîche servieren.

Des Gärtners Fallobst-Chutney

Ein wunderbares Rezept für Chutney-Anfänger, denn nach dem Vorbereiten der Äpfel und Zwiebeln werden sämtliche Zutaten einfach zusammen in einen großen Topf geworfen. Außerdem benötigt man dafür eigentlich nur Zutaten, die man meist im Hause hat, also ideal für all jene, die spontan etwas aus dem zubereiten wollen, was sie gerade im Garten geerntet haben. Natürlich können Sie die Mengenangaben auch jederzeit halbieren. Vorsicht beim Umrühren des heißen Chutneys! Auch wenn es an der Oberfläche nur ganz schwach blubbert, kann es plötzlich heftig spritzen, wenn Sie mit dem Löffel tief hineinfahren. Ich schalte zum Umrühren kurz den Herd aus ... und trage eine Schürze.

Ergibt etwa 3 Liter
Mindestens ein Jahr lang haltbar

1,5 kg Falläpfel, geschält, entkernt und in Scheiben geschnitten
1 Zwiebel, abgezogen und fein gehackt
4 Dosen Tomaten (à 400 g), klein gehackt
200 g Rosinen
750 g Zucker
2 TL Currypulver
2 TL Ingwerpulver
1½ gehäufte TL Salz
575 ml Malzessig

Sämtliche Zutaten zusammen in einen großen Topf geben (oder die Zutaten auf 2 kleinere Töpfe aufteilen) und 2½ Stunden köcheln lassen, bis die Mischung eindickt und klebrig wird. Gelegentlich umrühren, da beim Kochen die Flüssigkeit nach oben steigt und das Chutney zuerst über dem Topfboden eindickt. So lange weiterrühren, bis die Flüssigkeit reduziert ist und die Mischung die Konsistenz eines Chutneys bekommt. Mit einer Schöpfkelle in warme, sterilisierte Gläser füllen und diese luftdicht verschließen.

Das Chutney kann gegessen werden, sobald es abgekühlt ist, da es nicht wie andere Chutneys erst noch ziehen muss. Frisch schmeckt es am besten zu etwas frischem Weißbrot und einem lange gereiften Cheddar – eine himmlische Kombination!

Variation: Süßscharfes Fallobst-Chutney

3 große, milde rote Chilischoten entkernen, klein hacken und zum oben beschriebenen Rezept mit in den Kochtopf geben.

WÜRSTCHEN IM SCHLAFROCK MIT CHUTNEY

Diese Würstchen lassen sich gut einfrieren. Vor dem nächsten Picknick einfach aufbacken und in Alufolie wickeln.

Ergibt 24 Stück

425 g tiefgefrorene Blätterteigplatten, aufgetaut
etwas Mehl zum Bestäuben
1 Ei, aufgeschlagen
4 EL Des Gärtners Fallobst-Chutney (siehe Seite 105)
6 qualitativ gute, dicke Rostbratwürstchen
Sesam zum Bestreuen

Den Ofen auf 200 °C (Gas Stufe 6) vorheizen. Die Teigvierecke auf einer bemehlten Arbeitsfläche auslegen und jedes Viereck halbieren. Die Kanten der beiden Rechtecke mit dem aufgeschlagenen Ei bepinseln. Mithilfe eines Löffels die beiden Rechtecke dünn und fast bis zu den Rändern mit Chutney bestreichen. Nicht zu großzügig mit dem Chutney sein, da sonst hinterher das ganze Backblech klebt.

3 Würstchen aus dem Paket nehmen und das Brät aus der Pelle herausdrücken. Das Brät zwischen den Handflächen zu dünneren Würstchen rollen und diese längs in die Mitte der beiden Teigrechtecke legen (das dritte Würstchen zwischen den beiden Teigrechtecken aufteilen). Die Würstchen in den Teig einrollen und die Rolle mit dem restlichen aufgeschlagenen Ei bepinseln. Jede Rolle in sechs kleine Stücke schneiden, mit Sesam bestreuen und auf ein antihaftbeschichtetes Backblech legen. Diesen Vorgang mit dem restlichen Teig und den restlichen Würstchen wiederholen.

Die beiden Backbleche für etwa 20–25 Minuten in den Ofen schieben, bis der Teig goldbraun ist. Die Würstchen auf einem Kuchenrost abkühlen lassen.

In Birnenmost und Vanille eingelegte Birnen

Ich bin kein großer Fan von dicken, in Rotwein eingelegten Birnen, aber Chefkoch Mark Hix, der zu einer wunderbaren Götterspeise aus Birnenmost Holunderblüteneis servierte, hat mich dazu inspiriert, Birnenmost als Grundlage für mein Kompott zu nehmen.

Ergibt etwa 2 Liter
Sechs Monate lang haltbar

1 l Birnenmost
400 g Zucker
1 Vanilleschote, längs aufgeschlitzt
2 Streifen unbehandelte Zitronenschale
3 EL flüssiger Honig
1,8 kg nicht ganz reife Birnen

Für dieses Rezept sollten Sie hitzebeständige Weckgläser verwenden.

Birnenmost, Zucker, Vanilleschote, Zitronenschale und Honig in einen großen Topf geben, 300 ml Wasser zugießen, alles aufkochen und dann 5 Minuten köcheln lassen.

Die Birnen schälen, sofort mit in den Topf geben und mit einem Stück zusammengeknülltem Backpapier abdecken, um sie unter der Oberfläche zu halten. Alles erneut aufkochen lassen. Anschließend die Hitze reduzieren und die Birnen 25 Minuten köcheln lassen. In der Zwischenzeit den Ofen auf 160 °C (Gas Stufe 3) vorheizen.

Die Birnen dicht gepackt in die Gläser füllen und etwas nach unten drücken, damit sie ganz vom Sirup bedeckt werden (es klappt besser, wenn Sie große Gläser verwenden oder die Birnen längs halbieren). Die Gläser mit dem Sirup auffüllen und dabei darauf achten, dass die Birnen vollständig bedeckt sind. Die Deckel auf die Gläser legen, aber diese noch nicht verschließen.

Eine feuerfeste Form mit einem Geschirrtuch auslegen und die warmen, sterilisierten Gläser mit reichlich Abstand voneinander hineinstellen. Die Form 2 cm hoch mit kochendem Wasser füllen und für 30 Minuten in den Ofen schieben. Anschließend die noch heißen Gläser luftdicht verschließen.

WARMES BIRNENKOMPOTT MIT MASCARPONEEIS

Ein ideales Dessert für ein ausgiebiges Mahl, da man es gut im Voraus zubereiten kann und die Birnen vor dem Servieren nur noch kurz erhitzen muss.

Für 6 Personen

6 in Birnenmost und Vanille eingelegte Birnen (siehe linke Spalte)

Für das Eis

4 Eigelb
500 g Mascarpone
200 g Crème double
120 g Puderzucker
½ TL Zimtpulver
frisch geriebene Muskatnuss

Sämtliche Zutaten für das Eis in eine große Schüssel geben und mit einem elektrischen Handrührgerät 1 gute Minute zu einer glatten, cremigen Masse verrühren. Diese in ein kältebeständiges Gefäß mit Deckel füllen und 1½ – 2 Stunden einfrieren, bis sich erste Eiskristalle gebildet haben.

Die Eismasse mit einem Schneebesen aufschlagen und die Eiskristalle dabei aufbrechen. Erneut einfrieren, bis die Eismasse durch und durch gefroren ist.

Die Birnen und etwas von ihrem Sirup in einen Topf geben und sanft erwärmen. Vor dem Servieren das Eis etwas antauen lassen und dann die heißen Birnen mit je einer Kugel Eis und etwas Birnensirup servieren.

Süßsauer eingelegte Birnen und Feigen

Ich liebe diese eingelegten, würzigen Früchte in Kombination mit einer Kugel Vanilleeis. Noch besser ist es, um die Weihnachtszeit ein Glas davon zu öffnen und dazu Bratenaufschnitt und Manchego zu reichen.

Ergibt etwa 1 Liter
Mindestens ein Jahr lang haltbar

200 ml Weißweinessig
400 ml roter Portwein
250 g weicher, hellbrauner Zucker
1 gehäufter TL gemischte Gewürze: Zimtpulver, Nelkenpulver, Muskatnuss, Ingwerpulver und Piment
1 Zimtstange
7 nicht allzu reife Birnen, entkernt und in jeweils 8 Schnitze geteilt.
250 g getrocknete Feigen, halbiert

Essig, Portwein, Zucker, Gewürze und 200 ml Wasser in einen Topf geben, aufkochen und bei reduzierter Hitze 35 Minuten köcheln lassen.

Die Birnen zufügen, erneut aufkochen und 2–3 Minuten weiterkochen lassen. Die Birnen in eine Schüssel geben und die Feigen untermischen.

Die Flüssigkeit im Topf weitere 10–15 Minuten einkochen, bis sich das Volumen halbiert hat. Die Früchte dicht gepackt in warme, sterilisierte Gläser füllen, mit dem Sirup aufgießen und luftdicht verschließen.

Marokkanisches Pflaumen-Chutney

Mir gefällt an diesem Chutney vor allem die Kombination von dem säuerlichen Fruchtaroma der frischen Pflaumen mit dem intensiven Geschmack der getrockneten Früchte. Tajine-Gerichte würze ich liebend gerne mit Harissa, aber mit diesem Chutney habe ich immer ein typisch marokkanisches Würzmittel parat, um Bratenaufschnitt, Käse, kurz gebratenem Lammfleisch oder einfach ein paar Würstchen einen besonderen Geschmack zu verleihen.

Ergibt etwa 1,9 Liter
Mindestens ein Jahr lang haltbar

1 kg dunkle Pflaumen, halbiert, entkernt und klein gehackt
2 große Kochäpfel, geschält, entkernt und klein gehackt
2 Zwiebeln, abgezogen und fein gehackt
4 Knoblauchzehen, abgezogen und in Scheiben geschnitten
250 g entsteinte, weiche getrocknete Pflaumen, halbiert
150 g Sultaninen
600 g weicher dunkelbrauner Zucker
2 EL Harissa, nach Geschmack auch etwas mehr
1 Zimtstange
1 gehäufter TL marokkanische Gewürzmischung (Kreuzkümmel, Ingwerpulver, Piment, gemahlener Koriander)
575 ml Malzessig

Sämtliche Zutaten in einem großen Topf aufkochen lassen. Die Hitze reduzieren und 2–2¼ Stunden köcheln lassen, bis man beim langsamen Rühren mit einem Holzlöffel Furchen hinterlässt. (Es sollte jedoch noch ein wenig Flüssigkeit übrig sein, da das Chutney in den Gläsern noch weiter eintrocknet.) Während der Kochzeit gelegentlich vorsichtig umrühren (aufpassen, dass es dabei keine Blasen schlägt), damit es nicht anbrennt.

Abschmecken, eventuell noch etwas Harissa zufügen, danach in warme, sterilisierte Gläser füllen und diese luftdicht verschließen. Man kann das Chutney zwar sofort verwenden, aber nach einer gewissen Ruhezeit schmeckt es noch besser.

GLASIERTE MAROKKANISCHE LAMMSTEAKS MIT COUSCOUS

Ein wunderbares und schnelles Rezept, z. B. für ein Essen mit Freunden. Wer ganz schnell sein will, mariniert das Fleisch nur 10 Minuten.

Für 4 Personen

2 Knoblauchzehen, abgezogen und fein gehackt
1 TL Kreuzkümmelsamen
2 EL marokkanisches Pflaumen-Chutney (siehe linke Spalte) oder ein anderes würziges Obst-Chutney
2½ EL Olivenöl
1 Schnapsglas Rot- oder Weißwein
Salz und frisch gemahlener schwarzer Pfeffer
4 Lammsteaks ohne Knochen
1 rote Paprikaschote, entkernt und klein gehackt
2 Zucchini, klein gehackt
6 Frühlingszwiebeln, fein gehackt
3 EL Pinienkerne
200 g Instant-Couscous
1 nussgroßes Stück Butter
4 Msp Zimtpulver
250 ml heiße Gemüsebrühe

In einer großen Schale Knoblauch, Kreuzkümmel, Chutney, 1½ Esslöffel Olivenöl, Wein und etwas Salz und Pfeffer miteinander vermischen. Die Steaks in die Schale geben und in der Marinade wenden, bis sie ganz davon überzogen sind. 30 Minuten ziehen lassen.

In der Zwischenzeit das restliche Öl in einer Pfanne erhitzen und die Paprika 5 Minuten lang andünsten. Zucchini, Frühlingszwiebeln und Pinienkerne zufügen und unter ständigem Rühren mitdünsten, bis die Zucchini gerade weich sind.

Couscous mit Butter, Zimt, etwas Salz und Pfeffer in eine Schüssel geben und die frisch gemachte, heiße Gemüsebrühe darübergießen. Gut umrühren, die Schüssel mit Klarsichtfolie abdecken und das Couscous 5 Minuten quellen lassen.

Eine antihaftbeschichtete Grillpfanne stark erhitzen und die Lammsteaks von jeder Seite 3 Minuten braten. Das Gemüse mit einer Gabel unter das Couscous mischen und mit den Lammsteaks servieren.

GLASIERTE MAROKKANISCHE LAMMSTEAKS MIT COUSCOUS

Karamellisierte Tomatensauce für zwei Variationen

Dieses Grundrezept für Tomatensauce kann sowohl für die karamellisierte Tomatensauce als auch für das Tomatenketchup auf Seite 117 verwendet werden. Die im Ofen gegrillten Tomaten und das Olivenöl verleihen der Sauce ein ganz besonders intensives und süßliches Aroma. Zudem ist diese Sauce natürlich gesünder als fertig gekaufte Tomatensauce oder Ketchup und daher besonders für Kinder geeignet (meine Kinder sind geradezu süchtig danach). Für dieses Rezept lassen sich natürlich verschiedene Tomatensorten verwenden und miteinander kombinieren; es sollten sowohl fleischigere Sorten als auch die kleinen, süßen Tomaten dabei sein.

2,5 kg reife Tomaten
4 mittelgroße rote Zwiebeln, abgezogen und in dicke Scheiben geschnitten
2 Stangen Staudensellerie, in 2,5 cm lange Stücke geschnitten
6 ungeschälte Knoblauchzehen
1 Stück frischer Ingwer (5 cm), geschält und klein gehackt
1 rote Chilischote, entkernt und klein gehackt
1 kleine Handvoll frischer Thymianblätter
2 EL weicher dunkelbrauner Zucker
Salz und frisch gemahlener schwarzer Pfeffer
4 EL Olivenöl
3 EL Rotweinessig

Den Ofen auf 200 °C (Gas Stufe 6) vorheizen. Die Tomaten an der Unterseite kreuzweise einschneiden und in eine große Schüssel legen. Kochendes Wasser darübergießen, die Tomaten 30 Sekunden ziehen, dann abtropfen lassen und die Haut abziehen. Die größeren Tomaten halbieren.

Zwiebeln, Knoblauch, Sellerie, Ingwer, Chili und Thymian auf zwei mindestens 2 cm tiefe Backbleche verteilen. Tomaten daraufgeben, mit Zucker, Salz und Pfeffer bestreuen und Öl sowie Essig darüberträufeln. Die Backbleche mit Alufolie abdecken und alles 40 Minuten im Ofen backen.

Die Backbleche aus dem Ofen holen, die Folie entfernen und alles miteinander vermischen. Das Gemüse erneut zugedeckt weitere 20–30 Minuten im Ofen backen, bis es weich ist.

Die Backbleche aus dem Ofen holen und das Gemüse ohne Folie abkühlen lassen. Die Knoblauchzehen herausnehmen und über den Tomaten ausdrücken. Anschließend die Knoblauchreste entfernen.

Die Mischung in einen großen Topf füllen und mit einem Pürierstab oder in einer Küchenmaschine pürieren. Diese Sauce dient als Basis für Ketchup oder für die auf Seite 117 beschriebene Sauce.

1) Tomatensauce mit Basilikum

Ergibt 1,8 Liter
Sechs Monate lang haltbar

Den Ofen auf 160 °C (Gas Stufe 3) vorheizen. Die karamellisierte Tomatensauce (siehe Seite 114) aufkochen lassen und eine gute Handvoll frischer Basilikumblätter zugeben. Abschmecken und in vier warme, sterilisierte, 500 ml große Gläser abfüllen. Die Deckel leicht zudrehen (wenn der Deckel nur halb zugedreht wird, kann immer noch Dampf entweichen) und die Gläser in eine mit einem Geschirrtuch ausgelegte feuerfeste Form stellen. Die Gläser möglichst weit auseinander stellen und die Form 2 cm hoch mit kochendem Wasser füllen, um die Sauce 25 Minuten im Ofen einzukochen. Die Gläser luftdicht verschließen und an einem kühlen, dunklen Ort lagern.

2) Tomatenketchup

Ergibt 1,8 Liter
Sechs Monate lang haltbar

Die karamellisierte Tomatensauce (siehe Seite 114) mit 150 ml Rotweinessig, 100 g dunkelbraunem Zucker, ⅓ TL Nelkenpulver, 1 TL gemahlenem Koriander und rund 300 ml Wasser in einen Topf geben und aufkochen lassen. Anschließend 20 Minuten köcheln lassen und mit einem Pürierstab oder in einer Küchenmaschine pürieren. Das Ketchup in vier warme, sterilisierte Flaschen abfüllen und diese luftdicht verschließen.

Wer es gerne schärfer mag, kann 2–3 Chilischoten unter das Rezept mischen.

Süßsauer eingelegtes Gemüse

Ein Glas mit diesem eingelegten Gemüse ist immer ein hübsches Geschenk. Die Radieschen bleichen im Essig aus, daher können Sie sie auch weglassen und stattdessen eine ganze Gurke nehmen. Ich empfehle für dieses Rezept Babymöhren, weil sie einfach hübscher aussehen, aber natürlich kann man auch in Scheiben geschnittene, normal große Möhren verwenden.

Ergibt etwa 1,8 Liter
Mindestens ein Jahr lang haltbar

500 ml Weißweinessig
250 ml Apfelessig
100 g Demerara-Zucker
4 Lorbeerblätter
10 Pfefferkörner
½ EL Koriandersamen
1 gehäufter EL Tafelsalz
150 g Schalotten, in kochendes Wasser getaucht und dann abgezogen
1 kleiner Blumenkohl, in kleine Röschen zerteilt
250 g Babymöhren, geputzt und längs halbiert, oder 250 g normale Möhren, geputzt und schräg in dicke Scheiben geschnitten
1 Fenchelknolle, geputzt und in Scheiben geschnitten
½ Gurke, längs halbiert, entkernt und in dicke Scheiben geschnitten
175 g Radieschen

Die beiden Essigsorten in einen großen Topf gießen, 300 ml Wasser, den Zucker, die Lorbeerblätter, Pfefferkörner, Koriandersamen und das Salz zugeben, langsam aufkochen und in die sprudelnd kochende Flüssigkeit die Schalotten geben. 2 Minuten kochen lassen und dann Blumenkohl und Möhren hinzufügen. 1½ Minuten kochen und dann Fenchel und Gurke unterrühren. Weitere 1½ Minuten kochen und den Topf vom Herd nehmen.

Mit einem Schaumlöffel das Gemüse in warme, sterilisierte Gläser füllen und die rohen Radieschen untermischen. Die Gläser mit der heißen Flüssigkeit auffüllen, bis das Gemüse vollständig bedeckt ist. Die Gläser luftdicht verschließen und vor dem Verzehr mindestens 2 Wochen ziehen lassen.

Piccalilli

Für mich besitzt dieses Gemüse-Pickle einen typischen „Erwachsenen-Geschmack", weil ich mich erst mit zwanzig gefragt habe, warum ich es eigentlich nicht schon früher probiert habe. Das Rezept ist für ein recht „mildes" Gericht. Sie können die Senfmenge erhöhen, falls Sie den Geschmack etwas intensiver wünschen.

Ergibt 2,7 Liter
Mindestens ein Jahr lang haltbar

400 g Schalotten
2 kleine Blumenkohlköpfe, in sehr kleine Röschen geteilt
600 g Zucchini, in 2 cm große Würfel geschnitten
350 g Stangenbohnen, geputzt und schräg in 2 cm lange Stücke geschnitten
100 g grobes Meersalz
1,5 l Apfelessig
2 Knoblauchzehen, abgezogen und zerdrückt
1 Stück frischer Ingwer (4 cm), geschält und gerieben
2 EL schwarze Senfkörner
½ TL Pimentpulver
225 g brauner Zucker
40 g Mehl
1 gehäufter EL Kurkumapulver
2 EL englischer Senf

Die Schalotten mit kochendem Wasser übergießen und 1 Minute ruhen lassen. Danach abtropfen, abziehen, halbieren und mit dem Blumenkohl, den Zucchini und den Bohnen in eine große Schüssel geben. In einem großen Messbecher das Salz in 400 ml kochend heißem Wasser auflösen, 2 Liter kaltes Wasser zugeben und über das Gemüse gießen. Über Nacht ruhen lassen.

Am nächsten Tag den Essig in einen großen Topf gießen, Knoblauch, Ingwer, Senfkörner, Piment und Zucker zugeben und aufkochen lassen. Während der Essig erhitzt wird, das Gemüse abtropfen lassen und gut abspülen. In den kochenden Essig geben und den Topf zudecken, damit der Essig schnell wieder kocht. Das Gemüse ohne Deckel 5 Minuten kochen, bis der Blumenkohl weich, aber noch bissfest ist. Das Gemüse abtropfen lassen und den Essig dabei auffangen.

Mehl, Kurkuma, Senf und 6–8 Esslöffel Wasser miteinander mischen. Etwas warmen Essig unterrühren und alles in einen Topf gießen. Die Mischung langsam erhitzen und den restlichen Essig untermischen. Die Mischung über das Gemüse gießen und verrühren. Das Gemüse mit der Sauce auf warme, sterilisierte Gläser aufteilen und diese luftdicht verschließen. Vor dem Verzehr mindestens sechs Wochen ruhen lassen.

SCHINKEN IM TOPF MIT PICCALILLI UND TOAST

Dieses Gericht sollte auf der kulinarischen Hitliste der besten Kombinationen direkt hinter Rühreier und Speck und Steak mit Pommes frites aufgeführt werden. Es eignet sich nicht nur wunderbar als Vorspeise, sondern auch – wie wir es mit ein paar Freunden neulich gegessen haben – mit etwas Käse als schönes Mittagessen an einem Wochenende. Außerdem biete das Gericht eine hervorragende Gelegenheit, die Reste eines gebackenen Schinkenbratens aufzubrauchen, und man hat auch noch die Möglichkeit, es einzufrieren. Allerdings sollten Sie, soweit möglich, nicht am Schinkenbraten sparen, denn der Qualitätsunterschied macht sich beim Geschmack bemerkbar.

Für 6 Personen

500 g Butter
450 g kalter gekochter Schinken, grob gehackt
25 g Petersilienblätter, klein gehackt
frisch geriebene Muskatnuss
Salz und frisch gemahlener schwarzer Pfeffer
2 TL körniger Senf

Zum Servieren

Piccalilli (siehe Seite 120)
6 dicke Scheiben geröstetes Sauerteig- oder Bauernbrot

Die Butter in einem Topf zerlassen. Ein engmaschiges Sieb mit einem dünnen Tuch auslegen und die Butter hindurchtropfen lassen, um sie zu klären.

In der Zwischenzeit Schinken, Petersilie, Muskatnuss und etwas Pfeffer in eine Küchenmaschine geben. Die Hälfte der geklärten Butter zugeben und alles zu einer groben Paste vermischen. Abschmecken und je nach Geschmack nachwürzen.

Mithilfe eines Löffels die Mischung in sechs kleine feuerfeste Förmchen (Inhalt 150 ml) oder alles in eine größere Auflaufform füllen und die Oberfläche glatt streichen. Die restliche geklärte Butter mit dem Senf verrühren und so über die Schinkenmischung gießen, dass diese vollständig davon bedeckt ist. Die Förmchen in den Kühlschrank stellen, bis sie wirklich kalt sind und dann mit Toast und Piccalilli servieren oder einfrieren und zu einem späteren Zeitpunkt genießen.

Fruchtig eingelegter Rotkohl mit Chili

Bei diesem Rezept habe ich mich mal nicht von Traditionen leiten lassen, sondern vielmehr den Rotkohl süßlich-scharf eingelegt – eine wunderbare Beilage zu kaltem Braten oder mit einer Folienkartoffel kombiniert ein köstliches schnelles Gericht.

Ergibt 2 Liter
Ein Jahr lang haltbar

1,2 kg Rotkohl, geviertelt, Strunk entfernt und in feine Streifen geschnitten
2 gehäufte EL Salz
1 l Rotweinessig
5 EL Demerara-Zucker
2 Msp zerstoßene getrocknete Chili
1 gute Msp Nelkenpulver
Schale und Saft einer halben unbehandelten Orange
1 Zimtstange

Den Kohl in feine Streifen schneiden oder raspeln und in eine Schüssel geben. Zwischen die einzelnen Lagen jeweils etwas Salz streuen. Den Kohl mit einem Brett und Gewichten über Nacht pressen, damit eventuell vorhandene Flüssigkeit austreten kann.

In der Zwischenzeit die restlichen Zutaten langsam erhitzen, bis sich der Zucker aufgelöst hat. Den Topf vom Herd nehmen, abkühlen und über Nacht ziehen lassen.

Am nächsten Tag den Kohl gut abspülen und mit Küchenpapier trocken tupfen. Dicht gepackt in warme, sterilisierte Gläser füllen und mit der Essigmischung übergießen. Vor dem Verzehr mindestens einen Monat ziehen lassen.

In weißen Balsamico eingelegte Paprika

Ich habe stets ein Glas Paprika-Antipasto in meinem Vorratsschrank als Beilage zu einem Mittagessen oder als improvisierte Vorspeise. Mein Ärger über den Preis italienischer Originaldelikatessen inspirierte mich zu dieser hausgemachten Version – die sich mit etwas Olivenöl und Basilikum auch wunderbar als Bruschetta-Aufstrich eignet. Wenn man keinen weißen Aceto balsamico zur Hand hat, kann man ruhig „normalen" roten Aceto balsamico verwenden, allerdings wird dann die Farbe der Paprika etwas dunkler.

Ergibt etwa 1 Liter
Vier Monate lang haltbar

8 rote oder gelbe Paprikaschoten (oder beide Farben gemischt)
150 ml weißer Aceto balsamico
100 ml Weißweinessig
1½ EL Zucker
½ TL Meersalz und frisch gemahlener schwarzer Pfeffer

Den Ofen auf 220 °C (Gas Stufe 7) vorheizen. Die ganzen Paprikaschoten in einem Bräter 40 Minuten im Ofen backen, bis die Haut Blasen wirft. Nach 20 Minuten einmal wenden. Die heißen Paprikaschoten in eine Schüssel geben und mit Klarsichtfolie abdecken.

In der Zwischenzeit die beiden Essigsorten, Zucker, Salz und Pfeffer in einem kleinen Topf aufkochen und 5 Minuten köcheln lassen.

Die Paprikaschoten nacheinander aus der Schüssel nehmen und über einem Gefäß (um eventuell austretenden Saft aufzufangen) die Haut abziehen. Anschließend die Paprikaschoten entkernen, vierteln und in warme, sterilisierte Gläser füllen.

Den Paprikasaft durch ein Sieb zu der Essigmischung geben, diese mit Salz und Pfeffer würzen und alles gut vermischen. Die Essigmischung so über die Paprikaviertel gießen, dass diese vollständig bedeckt sind (zur Not noch mit etwas Essig verlängern). Danach die Gläser luftdicht verschließen und in den Vorratsschrank stellen.

Brombeer-Apfel-Gelee

Als Kind liebte ich Jill Barklems entzückende und zauberhaft illustrierte Geschichten von Brombeerhag – und habe mir immer bildlich vorgestellt, wie die Feldmaus Daisy Woodmouse dort Brombeergelee kochte, um dann nachmittags auf einem Baumstumpf sitzend kleine Brombeerküchlein zu einer Tasse Rosenholztee zu reichen. Anders als bei den anderen Rezepten drücke ich hier die Früchte aus, um noch mehr von diesem wunderbar dunkelvioletten Fruchtsaft zu gewinnen, auch wenn dadurch das Gelee nicht ganz so transparent ist.

Ergibt 1,5 Liter
Bis zu einem Jahr lang haltbar

1 kg Kochäpfel, ungeschält und nicht entkernt, grob zerteilt
1 kg Brombeeren
etwa 1 kg Gelierzucker 2:1

Äpfel und Brombeeren in einem großen Topf mit 250 ml Wasser aufkochen. Die Temperatur etwas reduzieren und die Früchte 25 Minuten köcheln lassen, bis sie breiig werden. Vorsichtig in ein Safttuch gießen und mindestens 6 Stunden darin ruhen lassen. Am Ende dieser Zeit das Tuch fest zusammenpressen, um noch mehr Brombeersaft zu gewinnen.

Die Flüssigkeit in einem Messbecher abmessen und zurück in den großen Topf gießen. Erhitzen und kurz vor dem Aufkochen 450 g Zucker pro 600 ml Saft zugeben. So lange rühren, bis sich der Zucker aufgelöst hat, danach die Temperatur erhöhen, bis die Flüssigkeit sprudelnd kocht. 15–20 Minuten kochen, bis der Gelierpunkt erreicht ist. Den Schaum von der Oberfläche entfernen und das Gelee in warme, sterilisierte Gläser füllen. Diese luftdicht verschließen.

Winter

Spanische Orangenmarmelade

Dieses Rezept ist perfekt für all jene, die wie ich gerne zwischendurch schnell mal eine Frühstücksmarmelade einkochen wollen, die möglichst jedem schmeckt und trotzdem ein wenig ausgefallen ist. Einfach alle Zutaten in der Küchenmaschine zerkleinern und fertig! Wer das Gelee jedoch lieber mit dickeren Stückchen liebt, sollte die Orangenschale mit der Hand schneiden.

Ergibt etwa 3 Liter
Zwei Jahre lang haltbar

1 kg unbehandelte spanische Orangen
750 g Demerara-Zucker
1 kg Kristallzucker
Saft einer großen Zitrone

Die Orangen gründlich waschen, die knubbeligen Enden entfernen und halbieren. Anschließend die Orangen pressen (ich benutze dafür einen elektrischen Entsafter), die Kerne entfernen und den Saft in eine große Schüssel gießen. Die ausgepressten Orangenhälften erneut halbieren und die restlichen Kerne entfernen. Die Orangenschalenviertel mithilfe des Schneideaufsatzes der Küchenmaschine klein schneiden (eventuell in zwei Arbeitsgängen) oder die Schale mit dem Messer in feine Streifen schneiden. Die zerkleinerte Schale mitsamt dem Fruchtfleisch zum Saft in die Schüssel geben und 2 Liter kaltes Wasser zugießen. Alles umrühren und über Nacht ziehen lassen.

Am nächsten Tag die Orangenmischung in einem großen Topf aufkochen (das dauert etwa 15 Minuten). Danach die Hitze reduzieren und alles 1½ Stunden köcheln lassen, bis die Schale weich ist.

Die beiden Zuckersorten und den Zitronensaft zufügen und so lange umrühren, bis sich der Zucker aufgelöst hat. Die Temperatur erhöhen und erneut aufkochen. 20 Minuten sprudelnd kochen lassen und dabei gelegentlich umrühren, bis der Gelierpunkt erreicht ist. Gelingt die Gelierprobe nicht, einfach noch etwas weiterkochen lassen und dann erneut testen.

Den Topf vom Herd nehmen, 10 Minuten ruhen lassen, dann die Marmelade mit der Schöpfkelle in sterilisierte, warme Gläser füllen und diese luftdicht verschließen.

Variation: Orangenblütenmarmelade

Den Demerara-Zucker weglassen und dafür die Kristallzuckermenge auf 1,8 kg erhöhen. Verfahren, wie in der linken Spalte beschrieben, und zusätzlich 3 EL Orangenblüten in die Schüssel geben, bevor die Orangenmischung über Nacht zieht. Anschließend weiter der Anleitung folgen.

Variation: Drei-Früchte-Marmelade

Dank der Klementinen schmeckt diese Marmelade weniger herb als traditionelle Orangenmarmelade, und so eignet sie sich perfekt für die warme Marmeladen-Tarte-Tatin auf Seite 136. Verfahren, wie in der linken Spalte beschrieben, allerdings nur 500 g unbehandelte spanische Orangen verwenden und zusätzlich 300 g (etwa 6 Stück) Klementinen und 300 g (etwa 2 Stück) unbehandelte Zitronen untermischen. Den Demerara-Zucker weglassen und die Kristallzuckermenge auf 1,8 kg erhöhen.

Für dieses Rezept schneide ich die Schale von Hand klein, damit die drei unterschiedlichen Farben besser zur Geltung kommen, doch Eilige können auch eine Küchenmaschine verwenden.

Schnelle Orangenmarmelade

Ich weiß, dass echte Orangenmarmeladenfans darauf bestehen, spanische Orangen zu verwenden, andererseits ist es praktisch, jederzeit dann, wenn die Vorräte zur Neige gehen, schnell und einfach Orangenmarmelade einkochen zu können. Vielleicht ist der Geschmack dieser Orangenmarmelade nicht ganz so intensiv wie bei der Verwendung von spanischen Orangen, aber auf jeden Fall sehr viel besser als der gekaufter Marmeladen, und außerdem ist sie in Minutenschnelle zubereitet. Von Hand klein geschnittene Schale sieht hübscher aus, aber wer mogeln will, kann auch eine Küchenmaschine benutzen.

Ergibt 1,4 Liter
Zwei Jahre lang haltbar

750 g unbehandelte Orangen
300 g unbehandelte Zitronen
500 g Demerara-Zucker
225 g Kristallzucker

Die Orangen und Zitronen gründlich waschen, die knubbeligen Enden abschneiden, die Früchte halbieren und pressen. Die Kerne entfernen und den Saft in einen großen Topf gießen. Die halbierten Fruchtschalen erneut halbieren und eventuell verbliebene Kerne entfernen. Die Schalen mit dem Schneideaufsatz einer Küchenmaschine klein schneiden oder von Hand in etwas dickere Streifen schneiden. Die klein geschnittene Schale mit in den Topf geben und 1,25 Liter kaltes Wasser zugießen. Kurz aufkochen lassen und dann die Temperatur reduzieren. 1¼ Stunden köcheln lassen, bis die Schale ganz weich ist.

Die beiden Zuckersorten zufügen und so lange rühren, bis diese sich aufgelöst haben. Anschließend erneut die Temperatur erhöhen und 8–10 Minuten sprudelnd kochen lassen. Die Marmelade dabei nicht mehr umrühren. Eine Gelierprobe machen und bei Bedarf noch etwas länger kochen.

Ist der Gelierpunkt erreicht, den Topf vom Herd ziehen und 10 Minuten ruhen lassen. Mithilfe einer Schöpfkelle die Marmelade in sterilisierte Gläser füllen und diese luftdicht verschließen.

Eingelegte Zitronen

Falls Sie die nordafrikanische Küche lieben, sollten Sie stets eingelegte Zitronen vorrätig haben, denn diese sind nicht nur ein wichtiger Bestandteil vieler Tajine-Gerichte, sondern auch aus vielen Salaten nicht wegzudenken.

Ergibt etwa 1 Liter
Zwei Jahre lang haltbar

8 große unbehandelte Zitronen
175 g Salz
2 TL rote, in Salzlake oder Essig eingelegte Pfefferkörner
6 frische Lorbeerblätter

Vier Zitronen längs vierteln und die restlichen vier auspressen. Die Zitronenviertel dicht gepackt in warme, sterilisierte Gläser schichten und über die einzelnen Schichten Salz, Pfefferkörner und Lorbeerblätter streuen. Den Zitronensaft darübergießen und mit Wasser auffüllen, bis die Zitronenviertel vollständig von der Flüssigkeit bedeckt sind. Die Gläser luftdicht verschließen und vor dem Verzehr drei Monate ruhen lassen.

WARME MARMELADEN-TARTE-TATIN

Dieser besondere Kuchen schmeckt besonders gut mit einem Klecks Crème fraîche. Für dieses Rezept ist jede gelbe Marmelade geeignet, dunkle Marmeladen würden die Orangenscheiben zu sehr verdecken. Vermutlich eignen sich in den Sommer- und Herbstmonaten Aprikosen und Pflaumen (mit der entsprechenden Marmelade) genauso gut.

Für 8–10 Personen

Für den Belag

40 g Butter
40 g Zucker
2 gehäufte EL Spanische Orangenmarmelade oder Drei-Früchte-Marmelade (siehe Seite 133)
2–3 große, süße Orangen

Für den Teig

200 g sehr weiche Butter
4 große Eier, auf Raumtemperatur erwärmt
3 gehäufte EL Spanische Orangenmarmelade oder Drei-Früchte-Marmelade (siehe Seite 133)
2 EL Milch
175 g Zucker
50 g gemahlene Mandeln
200 g selbsttreibendes Mehl (über den Versandhandel zu beziehen)
1 gehäufter TL Backpulver

Den Ofen auf 180 °C (Gas Stufe 4) vorheizen und eine 6 cm tiefe Springform mit einem Durchmesser von 22,5 cm einfetten.

Die Butter in einer Pfanne zerlassen, Zucker und Marmelade zugeben und die Mischung, wenn alles aufgelöst ist, in die Backform gießen und gleichmäßig darin verteilen. Die Orangen schälen, die weißen Häutchen entfernen und das Fruchtfleisch mit einem Messer mit Wellenschliff in sehr dünne Scheiben schneiden.
Eventuell verbliebene Kerne entfernen und die Kuchenform so mit den Scheiben auslegen, dass diese sich an den Rändern leicht überlappen.

Die Zutaten für den Teig nacheinander in eine Schüssel geben und mit einem elektrischen Handrührgerät durchmischen. Zum Schluss das Mehl und das Backpulver durch ein Sieb langsam dazugeben und auf kleinster Stufe untermischen. Die Geschwindigkeit erhöhen und 2 Minuten lang alles gut miteinander verrühren, bis die Mischung luftig ist. Den Teig über die Orangenscheiben in die Backform löffeln und glatt streichen. In der Mitte eine ganz leichte Mulde formen. Die Form auf ein Backblech stellen (falls etwas Teig überläuft) und 35 Minuten im Ofen backen.

Anschließend den Kuchen mit Alufolie abdecken und weitere 25 Minuten backen, bis man ein Holzstäbchen hineinstecken kann, ohne dass daran Teig haften bleibt. Den Kuchen etwa 10 Minuten abkühlen lassen, dann vorsichtig vom Rand lösen, einen Teller umgekehrt auf die Form legen und auf den Kopf stellen. Dann die Springform öffnen. Warm mit Sahne oder etwas Crème fraîche servieren.

KARAMELLISIERTE ZITRONENTARTE

Auf diesem köstlichen, fruchtig säuerlichen Kuchen mit einer Spur Orangenaroma entstehen durch die Orangenschalen hübsche Farbtupfer. Zum Karamellisieren der Oberfläche eignet sich am besten ein Bunsenbrenner, es sei denn, der Grill im Ofen funktioniert wirklich gut. Allerdings schmeckt der Kuchen natürlich auch ohne die karamellisierte Oberfläche. Der Boden lässt sich bis zu 24 Stunden im Voraus herstellen.

Für 6 Personen

375 g süßer Mürbeteig
4 gehäufte EL Drei-Früchte-Marmelade (siehe Seite 133) oder eine andere gelbe Marmelade
350 g Crème double
100 g hellbrauner Kristallzucker plus 3–4 EL zum Bestreuen
5 Eier
Saft von 5 großen Zitronen

Den Teig im Kühlschrank kalt stellen. Danach 5–7 mm dünn ausrollen und eine 6 cm tiefe Tarteform mit einem Durchmesser von 22,5 cm damit auslegen. Dabei darauf achten, dass der Teig etwas über den Rand der Form hinausragt, da er sich beim Backen leicht zusammenzieht. (Am einfachsten gelingt das, wenn man den Teig am Rand mit den Fingern zusammendrückt.) Die Form mit dem Teig 30 Minuten kalt stellen und in der Zwischenzeit den Ofen auf 220 °C (Gas Stufe 6) vorheizen.

Die Form aus dem Kühlschrank nehmen und 10 Minuten blindbacken (dafür Backpapier auf den Teig legen und mit Bohnen beschweren). Bohnen und Papier entfernen und weitere 5–10 Minuten backen, bis der Teig hellgolden ist. Die Form aus dem Ofen holen und abkühlen lassen.

Falls Sie den Boden im Voraus gebacken haben, den Ofen erneut auf 160 °C (Gas Stufe 3) erhitzen. Die Marmelade in einem Topf langsam erhitzen und dann Sahne und Zucker untermischen und sanft erwärmen. In der Zwischenzeit die Eier mit dem Zitronensaft in einer Schüssel aufschlagen und durch ein Sieb in einen großen Messbecher gießen. Die Sahnemischung zugeben und unterrühren.

Die Tarteform mit dem fertig gebackenen Teig auf ein Backblech stellen und mit der Eiercrememischung bis zum Rand auffüllen (vielleicht bleibt etwas übrig, aber achten Sie darauf, all die leckeren Marmeladenstückchen zu verwenden, die sich manchmal am Boden des Messbechers absetzen). Den Kuchen 25–35 Minuten im Ofen backen, bis die Füllung stockt. (In der Mitte sollte sie noch etwas wackeln, wenn man die Form leicht schüttelt.) Den Kuchen aus dem Ofen holen und abkühlen lassen, aber nicht kalt stellen.

15 Minuten vor dem Servieren den Kuchen vorsichtig aus der Form holen und auf einen Teller stellen. Die Oberfläche mit Zucker bestreuen und mit einem Bunsenbrenner karamellisieren oder unter einen sehr heißen Ofengrill stellen und den Teig mit einem Ring aus Alufolie vor dem Verbrennen schützen. Erneut 10 Minuten abkühlen lassen und mit flüssiger Sahne servieren.

Getrocknete Orangenschale

Zum ersten Mal habe ich getrocknete Orangenschale probiert, als mir mein guter Freund und Kochbuchautor Alex Mackay eine Kostprobe davon geschickt hatte. Daher basiert diese Methode des Trocknens auch auf einem Rezept von Alex. Man kann damit beinahe allem – von einer Tomatensauce bis zu einem Schokoladenpudding – eine ganz besondere Note geben. Ich liebe getrocknete Orangenschale vor allem in Eintöpfen und Aufläufen.

Ausreichend für ein 500-Milliliter-Weckglas
Mindestens ein Jahr lang haltbar

5–6 große unbehandelte Orangen

Den Ofen auf 110 °C (Gas Stufe ¼) vorheizen.

Die Orangen mit einem Gemüseschäler schälen und dabei möglichst lange, dünne Streifen abschneiden. Die Schalen auf einem antihaftbeschichteten Backblech oder auf einem Kuchenrost über einem Backblech so ausbreiten, dass sie nicht übereinanderliegen. Die Orangenschalen 3–4 Stunden im Ofen trocknen, bis sie brechen, wenn man sie zwischen den Fingern zerdrückt.

Die Orangenschalen abkühlen lassen und luftdicht verpacken (Weckglas oder Kunststoffbehälter), denn so halten sie sich wortwörtlich bis in alle Ewigkeit.

RINDFLEISCH MIT ORANGEN UND PFLAUMEN

Es gibt wenige Gerichte, die nach einer langen, anstrengenden Arbeitswoche so wohltuend sind wie dieses. Wer will, kann gleich größere Mengen davon zubereiten und in einzelnen Portionen einfrieren, um es ganz nach Wunsch einfach nur aufzutauen und erneut zu erhitzen. Fertigen Rinderfond zu kaufen ist zeitsparender, als eine Rinderbrühe selbst zu kochen, und schmeckt einfach viel besser als Brühwürfel.

Für 6–8 Personen

2 EL Mehl
Salz und frisch gemahlener schwarzer Pfeffer
1,25 kg Rindfleisch zum Kochen, in 6–8 cm große Würfel geschnitten
50 g Bratenfett oder Speck
2 mittelgroße Zwiebeln, abgezogen und in Scheiben geschnitten
3 große Möhren, geschält und in dicke Scheiben geschnitten
2 Stangen Staudensellerie, geputzt und in Stücke geschnitten
2 Knoblauchzehen, abgezogen und fein gehackt
500 ml Guinness-Bier
2 Thymianzweige
2 Lorbeerblätter
3 Streifen getrocknete Orangenschale (siehe linke Seite) oder ein Stück Orangenschale
1 Glas (400 g) Pflaumenkompott
1 Glas (400 ml) Rinderfond
1 TL rotes Johannisbeergelee

Den Ofen auf 160 °C (Gas Stufe 3) vorheizen. Das Mehl in eine große Schüssel geben und mit reichlich Salz und Pfeffer mischen. Die Rindfleischwürfel mit den Händen darin wälzen. Ein walnussgroßes Stück Bratenfett in einem Schmortopf erhitzen, bis es dampft. Nacheinander die Fleischwürfel anbraten, bis sie gleichmäßig braun sind, und in einen Bräter geben.

Zwiebeln, Möhren, Sellerie und Knoblauch und eventuell noch etwas Fett in den Schmortopf geben und unter ständigem Rühren 5–7 Minuten anbraten. Danach das Gemüse in eine Schüssel umfüllen und beiseitestellen. Den Bratensatz mit dem Bier ablöschen, aufkochen lassen und den eventuell am Topfboden klebenden Bratensatz lösen. Diese Sauce mit Thymian, Lorbeerblättern und Orangenschale in den Bräter geben und die abgetropften Pflaumen mit einem Drittel ihres Saftes, den Rinderfond und das rote Johannisbeergelee untermischen. Langsam erhitzen.

Den Bräter zugedeckt für 1 Stunde in den Ofen geben, danach das Gemüse unterheben und 1 weitere Stunde im Ofen backen. Abschmecken, eventuell nachwürzen und nach Geschmack auch noch etwas Pflaumensaft zugeben und mit Folienkartoffeln und grünem Gemüse servieren.

Le Parfait
Super

Pooh's Zitronensirup

Meine Schwiegermutter, die liebevoll Pooh genannt wird, macht den besten Zitronensirup. Zu unserer Hochzeit hat sie gleich einen ganzen Bottich davon zubereitet. Denn mit Wasser verdünnt ist dieser Sirup eine wunderbar erfrischende Alternative zu dem meist sehr süßen Orangensaft, den die motorisierten Gäste üblicherweise angeboten bekommen. Falls Sie sich nicht die Mühe machen wollen, Flaschen zu sterilisieren, lässt sich der Zitronensirup auch in Kunststoffbehältern einfrieren. Vor dem Gebrauch einfach auftauen und in den Kühlschrank stellen.

Ergibt etwa 1,7 Liter
Drei Wochen lang im Kühlschrank haltbar, kann eingefroren werden

6 unbehandelte Zitronen
700 g Kristallzucker
2 gestrichene TL Zitronensäure

3 Zitronen mit einem Kartoffelschäler schälen und die Schale beiseitestellen. Alle 6 Zitronen mit der Handfläche über die Arbeitsplatte rollen, damit sie sich besser pressen lassen. Die Zitronen halbieren und auspressen. Den Zucker in einen großen Messbecher geben und 1,2 Liter kochendes Wasser darübergießen. So lange umrühren, bis sich der Zucker aufgelöst hat, danach die Zitronensäure und den Zitronensaft untermischen.

Die Zitronenschalenstreifen auf warme, sterilisierte Flaschen oder auf kältebeständige Behälter aufteilen und den Zitronensirup mithilfe eines Trichters darübergießen (soll der Sirup eingefroren werden, die Behälter nur zu drei viertel befüllen). Die Gefäße luftdicht verschließen. Entweder kühl oder in der Tiefkühltruhe lagern.

Zum Trinken den Sirup mit Sprudelwasser oder mit stillem Wasser mischen oder daraus pinkfarbene Limonade herstellen (siehe rechte Spalte).

PINKFARBENE LIMONADE

Natürlich ist dies eigentlich ein perfektes Getränk für den Sommer, doch ich habe es in dieses Kapitel aufgenommen, da man im Winter besser reife Zitrusfrüchte bekommt. Mit ein paar Granatapfelkernen garniert sieht die Limonade genauso hübsch aus wie auf dem Bild auf der linken Seite und eignet sich ideal als alkoholfreier Weihnachtscocktail. Grenadinesirup sorgt für ein ganz spezielles Aroma, lässt sich jedoch auch durch etwas Granatapfelsaft oder Himbeersaft ersetzen.

Ergibt 4 Gläser

220 ml Pooh's Zitronensirup (siehe linke Spalte)
3 TL Grenadinesirup
800 ml Sprudelwasser
Granatapfelkerne oder Himbeeren zum Garnieren (nach Belieben)

Den Zitronensirup und den Grenadinesirup in einen großen Krug füllen und Eiswürfel zugeben. Das Sprudelwasser zugießen, abschmecken und eventuell mehr Wasser zugeben.

Zum Servieren das Getränk auf vier Gläser aufteilen und auf Wunsch in jedes Glas noch ein paar Granatapfelkerne oder Himbeeren geben.

Limettensirup

Dieser Limettensirup ist so schnell und einfach herzustellen (eine Abwandlung des Zitronensirups auf Seite 145), dass man ihn auch noch rasch machen kann, wenn man unerwartet Gäste zum Abendessen hat. Außerdem eignet er sich wunderbar für Cocktails – zum Beispiel mit einem Schuss Gin, jeder Menge Minze und Sodawasser gemixt. Man kann den Sirup in sterilisierten Flaschen lagern oder ihn einfrieren – dann einfach die gewünschte Menge auftauen und bis zum Gebrauch im Kühlschrank aufbewahren.

Ergibt etwa 2 Liter
Drei Wochen lang im Kühlschrank haltbar, kann eingefroren werden

6 Limetten
3 unbehandelte Zitronen
600 g Kristallzucker
2 gestrichene TL Zitronensäure

4 Limetten mit einem Sparschäler in lange Streifen schälen und die Schale beiseitestellen. Alle Früchte mit der Handfläche über die Arbeitsplatte rollen, damit sie sich besser pressen lassen.

Die Früchte halbieren, auspressen und den Saft in eine große Schüssel füllen. Den Zucker in einen großen Krug geben, 1,2 Liter kochend heißes Wasser darübergießen und so lange rühren, bis sich der Zucker aufgelöst hat. Danach Zitronensäure und Limettenzitronensaft untermischen.

Die Schale auf die warmen, sterilisierten Flaschen aufteilen (oder auf Kunststoffbehälter zum Einfrieren). Den Sirup mithilfe eines Trichters darübergießen (Gefäße zum Einfrieren nur zu drei viertel füllen) und luftdicht verschließen.

Entweder kühl lagern oder einfrieren und zum Trinken mit stillem Wasser oder mit Sprudelwasser mischen.

In Weinbrand eingelegte Klementinen

Ein wunderbares Geschenk für anspruchsvolle Verwandte und außerdem eine gute Reserve, aus der sich schnell ein leckerer Nachtisch zaubern lässt. Mit einer Kugel Eis serviert sind diese Klementinen beispielsweise ein wunderbar erfrischendes und im Handumdrehen zubereitetes Dessert nach einem reichhaltigen Mahl.

Ergibt 1,5 Liter
Zwei Jahre lang haltbar

150 g Demerara-Zucker
600 ml Weinbrand
12–14 Klementinen

Zucker und 250 ml Wasser in einen Topf geben, leicht erhitzen und so lange rühren, bis sich der Zucker aufgelöst hat. Den Topf vom Herd nehmen und den Weinbrand zugießen.

In der Zwischenzeit die Klementinen schälen und die weißen Häutchen entfernen. Die Klementinen dicht gepackt in warme, sterilisierte Gläser füllen und mit dem Weinbrandsirup übergießen, bis die Früchte vollständig bedeckt sind. Fehlt etwas Flüssigkeit, mit Wasser oder Weinbrand auffüllen und die Gläser luftdicht verschließen.

Süße thailändische Chilipaste

Der Dank für die Idee zu diesem Rezept gebührt Peter Gordon vom Sugar Club. Ich habe seine süße Chilisauce einige Male gemacht, und sie ist einfach köstlich. Doch da es hier auf dem Lande schwierig ist, die dafür notwendigen Zutaten zu bekommen, habe ich eine abgewandelte Version erfunden, für die ich ausschließlich Zutaten verwende, die überall erhältlich sind. Zudem habe ich die Zuckermenge der traditionellen süßen Chilisauce etwas reduziert. Diese Paste eignet sich als Marinade, als Basis für ein Curry oder als Sauce zum Dippen. Am liebsten reiben wir Hühnerschenkel damit ein und backen diese dann ungefähr eine Stunde lang im Ofen. Manchmal braten wir aber auch Rindfleisch darin an. Außerdem lässt sich die Paste wunderbar für das Curry auf Seite 150 verwenden. Wer es etwas schärfer mag, entfernt nur die Hälfte der Chilisamen.

Ergibt etwa 1 Liter
Ein Jahr lang haltbar

2 Knoblauchknollen, in Zehen geteilt und abgezogen
12 lange rote Chilischoten, längs halbiert und entkernt
3 Stücke frischer Ingwer (8 cm), geschält und in 2 cm lange Stifte geschnitten
1 großes Bund frischer Koriander (Stiele und Blätter)
4 Stängel Zitronengras, geputzt und in feine Scheiben geschnitten
9 Limettenblätter (so frisch wie möglich oder gefriergetrocknet), grob gehackt
400 g Demerara-Zucker
6 EL Reisweinessig
4 EL Sojasauce
4 EL Fischsauce
Saft von 2 Limetten

Knoblauch, Ingwer, Chilis, Koriander, Zitronengras und Limettenblätter in einer Küchenmaschine pürieren, bis eine glatte Paste entsteht.

Zucker und 250 ml Wasser in eine große, hohe Pfanne geben und sanft erhitzen, bis sich der Zucker aufgelöst hat. Die Temperatur erhöhen und 5 Minuten kochen lassen, bis der Sirup die Konsistenz von flüssigem Honig hat.

Vorsichtig die Paste einrühren (es spritzt vielleicht ein wenig) und weitere 5–7 Minuten unter ständigem Rühren braten, bis die Flüssigkeit verdampft ist.

Reisweinessig, Sojasauce, Fischsauce, Limettensaft und 500 ml Wasser zugeben, aufkochen und 15–20 Minuten kochen lassen, bis eine dickliche, aber immer noch etwas flüssige Paste entsteht. Mit einem Löffel in warme, sterilisierte Gläser füllen und diese luftdicht verschließen.

GARNELENCURRY
MIT AUBERGINEN UND PAPRIKA

Ein fantastisches Currygericht, mit dem sich zum Ausklang einer anstrengenden Arbeitswoche minutenschnell ein kleines Festmahl zubereiten lässt. Wer will, kann auch vorgekochte Riesengarnelen verwenden, sollte dann aber die Kochzeit etwas reduzieren.

Für 4 Personen

1½ EL Erdnussöl
1 Zwiebel, abgezogen und in Scheiben geschnitten
1 mittelgroße Aubergine, in 4 cm große Würfel geschnitten
1 grüne Paprikaschote, entkernt und in Stücke geschnitten
2 EL süße thailändische Chilipaste (siehe Seite 149) oder fertig gekaufte Thai-Paste
1 Dose (400 ml) Kokosnussmilch
2 Handvoll Kirschtomaten
24 rohe, geschälte Riesengarnelen
1½ EL Fischsauce
ein paar Spritzer Limettensaft
1 Handvoll frische Korianderblätter oder zerrupfte Basilikumblätter zum Garnieren

Das Öl in einem Topf erhitzen und die Zwiebeln 3 Minuten darin glasig anschwitzen. Paprika und Aubergine zugeben und unter ständigem Rühren 5 Minuten sanft anbraten. Die Chilipaste zugeben, 1–2 Minuten unter ständigem Rühren mitbraten und schließlich den cremigen oberen Teil der Kokosnussmilch zufügen. Alles zusammen 10 Minuten köcheln lassen.

Die restliche Kokosnussmilch einrühren, erneut bis zum Siedepunkt erhitzen, dann die Tomaten zugeben und 3 Minuten mitdünsten.

Die Garnelen zufügen und so lange in der Sauce kochen, bis sie rosa und durch und durch erhitzt sind. Unmittelbar vor dem Servieren Fischsauce und Limettensaft untermischen. Mit den Kräutern bestreut servieren.

Zitronencreme

Meine Schwiegermutter ist eine fantastische Köchin und kocht scheinbar mühelos die köstlichsten Gerichte für uns. Eines ihrer Geheimnisse besteht darin, dass sie sehr zeitsparende Methoden anwendet, die sie über die Jahre immer wieder erprobt und verbessert hat. Sie schwört, dass man Zitronencreme in der Mikrowelle zubereiten kann, indem man die Creme im Minutentakt mit dem Schneebesen aufschlägt, bis sie eindickt. Ich habe jedoch immer Angst, dass ich vergesse, rechtzeitig nach der Creme zu schauen, und plötzlich Rühreier produziert habe oder dass alles überkocht und ich die ganze Mikrowelle sauber machen muss. Wer sich traut, soll ruhig einmal probieren, die Creme in der Mikrowelle zuzubereiten, denn es ist sicherlich sehr zeitsparend, wer sich aber davor scheut, sollte die unten beschriebene Methode anwenden.

Ergibt etwa 1 Liter
Hält sich ungeöffnet bis zu vier Wochen im Kühlschrank

250 g Butter
Saft und abgeriebene Schale von 5–6 unbehandelten Zitronen (250 ml Saft)
5 große Eier
250 g goldbrauner Zucker

Die Butter in einer hitzebeständigen Schüssel über einem Topf mit siedendem Wasser zerlassen. Gleichzeitig Zitronensaft, Zitronenabrieb, Eier und Zucker in eine Schüssel geben und mit einem Schneebesen gründlich aufschlagen.

Die Eiermischung durch ein Sieb zu der Butter geben und über dem heißen Wasser 30 - 35 Minuten mit dem Schneebesen rühren, bis die Mischung so eingedickt ist, dass sie die Rückseite eines Löffels überzieht.

Die warme Creme in warme, sterilisierte Gläser füllen, diese luftdicht verschließen und bis zu 4 Wochen im Kühlschrank lagern. Geöffnete Gläser innerhalb einer Woche aufbrauchen.

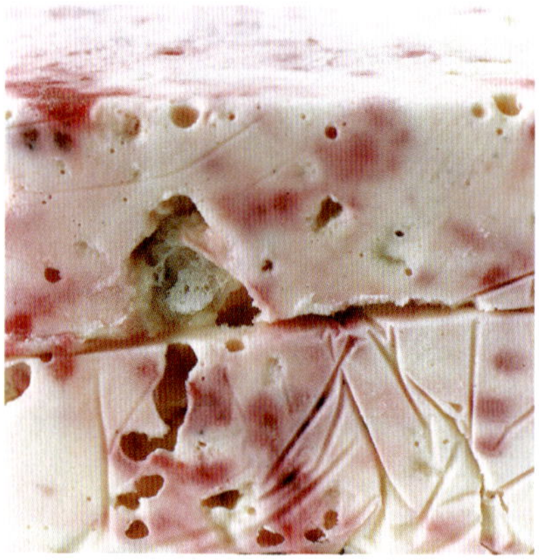

GEEISTES ZITRONEN-HIMBEER-DESSERT

Ursprünglich habe ich diesen Nachtisch mit Zitronencreme und Heidelbeeren gemacht, aber ein Mitglied meiner Familie, dessen Namen ich hier lieber nicht nenne, ist sehr wählerisch und meinte, er würde Himbeeren vorziehen. Ich muss zugeben, dass er recht hat, aber wenn Sie Heidelbeeren ganz besonders lieben, dann darf ich Ihnen verraten, dass sie in diesem Dessert ebenfalls fantastisch schmecken.

Für 8 Personen

150 g Himbeeren
300 g Crème double
500 ml frische, dicke Vanillesauce
abgeriebene Schale und Saft einer Zitrone
325 g Zitronencreme (siehe Seite 153)
6 Baisers, zerstoßen

Die Himbeeren in einem kleinen Topf mit etwas Wasser erhitzen, bis sie zusammenfallen, dann abkühlen lassen.

Sahne, Vanillesauce, Zitronenabrieb, Zitronensaft und Zitronencreme in einer Schüssel miteinander verrühren und 1½ Stunden einfrieren, bis sich Eiskristalle gebildet haben.

Die Zitronenmischung in der Küchenmaschine zerkleinern und glatt rühren, zurück in die Schüssel gießen und die Himbeeren und die zerstoßenen Baisers unterheben. Die fertige Mischung in eine mit Klarsichtfolie ausgeschlagene Kastenbackform füllen und einfrieren.

Die Form 10 Minuten vor dem Servieren aus der Tiefkühltruhe holen. Das geeiste Dessert stürzen und in Scheiben schneiden.

Creme aus rosa Grapefruit, Himbeeren und Blutorangen

Ich liebe diese Kombination von Früchten, zudem sieht die Creme dank ihrer leuchtenden Farbe toll in Tartelettes aus und lässt sich gut mit Himbeeren (siehe Abbildung auf der linken Seite) oder Blutorangenscheiben garnieren. Wer diese Creme außerhalb der Blutorangenzeit herstellen will, kann diese auch durch eine kleine Grapefruit ersetzen und den Orangensaft weglassen.

Ergibt etwa 1,2 Liter
Hält sich ungeöffnet bis zu vier Wochen im Kühlschrank

275 g Butter
225 g Himbeeren
Saft von 2 Blutorangen
abgeriebene Schale und Saft von 3 kleinen unbehandelten Zitronen
Saft einer kleinen rosa Grapfruit
275 g hellbrauner Zucker
6 große Eier

Die Butter in einer hitzebeständigen Schüssel über einem Topf mit siedendem Wasser zerlassen.

Gleichzeitig die Himbeeren in eine Schüssel geben, mit der Gabel zerdrücken, Saft, Zitronenabrieb und Eier zugeben und alles mit dem Schneebesen gründlich aufschlagen. Die Eiermischung durch ein Sieb zu der Butter geben und mit dem Schneebesen etwa 30 Minuten rühren, bis die Creme so eingedickt ist, dass sie die Rückseite eines Löffels überzieht.

Die noch heiße Creme in warme, sterilisierte Gläser füllen, diese luftdicht verschließen, abkühlen lassen und im Kühlschrank aufbewahren. Geöffnete Gläser innerhalb einer Woche aufbrauchen.

HIMBEER-BLUTORANGEN-TARTELETTES

Ein absoluter Hingucker und gleichzeitig so einfach, dass sich dieses Dessert auch noch in der letzten Minute rasch zubereiten lässt. Am besten immer ein paar kleine Mürbeteigtortenböden, ein Glas Creme (siehe linke Spalte) im Kühlschrank und ein paar tiefgefrorene Himbeeren vorrätig haben, dann können die Gäste kommen, ohne dass man vorher noch in den Supermarkt eilen muss.

Ergibt 8 Tartelettes

8 kleine, süße Mürbeteigtortenböden mit einem Durchmesser von 10–12 cm
8 gehäufte EL Creme aus rosa Grapefruit, Himbeeren und Blutorangen (siehe linke Spalte)
etwa 400 g Himbeeren und/oder 2–3 geschälte und in Spalten zerteilte Blutorangen

Die kleinen Tortenböden auf eine große Servierplatte oder einzelne Dessertteller stellen und jeweils 1–2 EL Creme hineingeben.

Jedes Tartelette mit einer Himbeere oder einem Blutorangenschnitz (oder beidem) garnieren und sofort servieren. Nach Geschmack kalte, flüssige Sahne dazu reichen.

HIMBEER-BLUTORANGEN-TARTELETTES

Cranberry-Chutney mit Cointreau

Dank der rosa Farbe ein hübscher Anblick und ein wunderbares Geschenk in der Weihnachtszeit, da dieses Chutney köstlich zu Wild und kaltem Braten schmeckt. Verglichen mit anderen Chutneys ist es zudem sehr schnell und einfach herzustellen.

Ergibt etwa 1,2 Liter
Mindestens ein Jahr lang haltbar

etwas Olivenöl
25 g Butter
1 Zwiebel, abgezogen und fein gehackt
1 großer Kochapfel, geschält, entkernt und klein geschnitten
500 g frische oder tiefgefrorene Cranberrys
100 g getrocknete Cranberrys
275 g Kristallzucker
½ TL gemahlener Piment
½ TL gemahlener Ingwer
1 Zimtstange
3 EL Cointreau

Öl und Butter in einem großen Topf erhitzen und die Zwiebeln darin 5–8 Minuten glasig anschwitzen.

Die restlichen Zutaten in den Topf geben, 100 ml Wasser zugießen und alles langsam aufkochen. Die Temperatur reduzieren und das Chutney 25–30 Minuten köcheln lassen, bis die Äpfel und Cranberrys weich sind und alles eingedickt ist.

Mit der Schöpfkelle in warme, sterilisierte Gläser füllen und diese luftdicht verschließen.

GEFÜLLTE TEIGTASCHEN MIT CAMEMBERT, CRANBERRYS UND MOHN

Diese kleinen „gehaltvollen Häppchen", wie sie meine Mutter nennt, eignen sich wunderbar zum Aperitif, als Bestandteil eines Partybuffets oder mit ein paar Salatblättern angerichtet als Vorspeise. Zudem lassen sie sich sehr gut einfrieren, solange sie noch nicht gebacken sind. Einfach die tiefgefrorenen Teigtaschen mit zerlassener Butter bepinseln, mit Mohn bestreuen und ein paar Minuten länger als angegeben backen.

Ergibt 28 Stück

28 Filoteigblätter (jeweils 23 x 18 cm groß)
zerlassene Butter zum Bepinseln
250 g Camembert
5 EL Cranberry-Chutney mit Cointreau (siehe linke Spalte)
Mohn zum Bestreuen

Den Ofen auf 200 °C (Gas Stufe 6) vorheizen. Jeweils ein Filoteigblatt auf der Arbeitsplatte auslegen und die anderen so lange mit einem feuchten Küchentuch abdecken, damit sie nicht austrocknen.

Das Teigblatt mit etwas zerlassener Butter bepinseln und ein zweites Teigblatt darauflegen. Erneut mit Butter bepinseln und längs in zwei längliche Rechtecke schneiden.

Den Camembert in 28 Stücke schneiden (den ganzen Käse in 14 x 1 cm große Scheiben schneiden, die Rinde wegschneiden und jede Scheibe in der Mitte einmal teilen).

Jeweils ein Stück Käse auf die rechte Ecke der kurzen Seite des Teigstücks legen, ½ Teelöffel Chutney auf den Käse geben und den Teig so über dem Käse zusammenfalten, dass eine dreieckige Teigtasche entsteht. Den Vorgang wiederholen, bis Teig und Käse aufgebraucht sind.

Die Teigtaschen von beiden Seiten mit zerlassener Butter bepinseln und die Oberfläche mit Mohn bestreuen. Auf einem Backblech 10–15 Minuten im Ofen backen, bis die Teigtaschen goldbraun und knusprig sind.

CRANBERRY-CHUTNEY MIT COINTREAU

Cranberry-Gelee

Eine köstliche Alternative zu Preiselbeerkompott, denn in einer Glasschüssel auf dem Tisch sieht dieses rot leuchtende Gelee einfach wundervoll aus.

Ergibt etwa 1,2 Liter
Bis zu einem Jahr lang haltbar

500 g Cranberrys
Saft einer Orange
500–800 g Kristallzucker

Cranberrys, Orangensaft und 500 ml Wasser in einem Topf langsam aufkochen lassen. Die Temperatur reduzieren und die Beeren 20 Minuten sanft kochen, bis sie ganz weich sind.

Den Topf vom Herd ziehen, die Cranberrys mit einem Kartoffelstampfer zerdrücken und in einen Messbecher füllen. Den Brei langsam in ein Safttuch gießen und über Nacht über einer Schüssel abtropfen lassen.

Die Flüssigkeit abmessen, in einen Topf gießen und aufkochen. 450 g Zucker pro 600 ml Saft abmessen (für 900 ml Saft braucht man also 675 g Zucker). Den Zucker in den Saft einrühren, die Temperatur reduzieren und so lange rühren, bis sich der Zucker aufgelöst hat.

Die Temperatur erhöhen und Saft sowie Zucker 12–18 Minuten kochen lassen, bis der Gelierpunkt erreicht ist. Das Gelee in warme, sterilisierte Gläser gießen und diese luftdicht verschließen.

KNUSPRIGE ENTENBRUST MIT PORTWEIN UND CRANBERRY-SAUCE

Das Lob der Gäste ist Ihnen bei diesem schnell zuzubereitenden Gericht gewiss!

Für 4 Personen

4 Entenbrüste, mit einem scharfen Messer eingeritzt
1½ EL Zucker
1 EL Meersalz
1 TL Fünf-Gewürze-Pulver plus 4 große Prisen
4 EL Cranberry-Gelee (siehe linke Spalte)
abgeriebene Schale und Saft einer Orange
100 ml Portwein
1 Zwiebel, abgezogen und in feine Scheiben geschnitten
1 nussgroßes Stück Ingwer, geschält und gerieben
200 ml Hühnerbrühe
Salz und frisch gemahlener schwarzer Pfeffer

Die Entenbrüste in einen tiefen Porzellanteller legen. Zucker, Salz und 1 TL Fünf-Gewürze-Pulver mischen und damit die Ente einreiben. Das Fleisch abgedeckt 3–4 Stunden im Kühlschrank marinieren.

Den Ofen auf 200 °C (Gas Stufe 6) vorheizen und ein Backblech vorwärmen. Cranberry-Gelee, Orangensaft und -schale sowie Portwein in einem kleinen Topf 10–15 Minuten leise köchelnd auf die Hälfte reduzieren.

Die Entenbrüste gründlich waschen, danach trocken tupfen und mit dem restlichen Fünf-Gewürze-Pulver bestreuen. Eine Pfanne erhitzen und die Entenbrüste mit der Hautseite nach unten 10 Minuten bei geringer Hitze braten. Anschließend die Entenbrüste mit der Hautseite nach oben auf das Backblech legen und 6–8 Minuten im Ofen backen. Das Fleisch aus dem Ofen holen und 10 Minuten warm halten oder in Alufolie wickeln.

In der Zwischenzeit einen Großteil des Fetts vom Anbraten weggießen und in dem Rest Zwiebeln und Ingwer sanft anschwitzen, bis beide weich sind. Die reduzierte Cranberry-Sauce und die Hühnerbrühe zugeben und 6–8 Minuten köcheln lassen. Abschmecken und eventuell nachwürzen.

Die Entenbrüste in Scheiben schneiden und mit der Sauce servieren. Kartoffelbrei und grünes Gemüse dazu reichen.

Knuspermüsli mit Manuka-Honig

Für dieses Rezept kann man wunderbar sämtliche Reste von Nüssen und getrocknetem Obst verwenden, denn es lässt sich auf vielfältige Art mit dem variieren, was gerade im Vorratsschrank steht. Sultaninen, getrocknete Cranberrys oder getrocknete Heidelbeeren passen auch gut dazu, doch das getrocknete Obst sollte man auf jeden Fall erst nach dem Rösten zugeben. Manuka-Honig ist aufgrund seiner gesundheitsfördernden Eigenschaften wohl weltweit die Nummer eins unter den Honigsorten, allerdings ist er auch sehr teuer und besitzt ein sehr intensives Aroma, daher kann man ihn auch halb oder ganz durch einen anderen flüssigen Honig ersetzen.

Ergibt 15–20 Portionen
Gekühlt drei Monate lang haltbar

400 g kernige Haferflocken aus dem vollen Korn
75 g Kokosnussraspeln
75 g Kerne (ich benutze eine Mischung aus Sonnenblumen- und Kürbiskernen mit etwas Sesam)
200 g Nüsse (Pekannüsse, Mandeln, Haselnüsse, Paranüsse, Cashewkerne – was auch immer Sie gerade vorrätig haben)
200 g flüssiger Manuka-Honig (oder eine Mischung aus 100 g Manuka-Honig und 100 g normalem flüssigem Honig)
110 g zerlassene Butter
125 g getrocknete Feigen, halbiert
125 g getrocknete Aprikosen, halbiert

Den Ofen auf 150 °C (Gas Stufe 2) vorheizen. In einer Schüssel sämtliche Zutaten (bis auf die getrockneten Früchte) gut miteinander vermischen, auf einem Backblech ausbreiten und etwa 30 Minuten im Ofen rösten. Alle 10 Minuten umrühren und vor allem immer wieder in den Ecken lösen, damit das Müsli zwar gleichmäßig knusprig wird, aber nicht verbrennt.

Wenn das Müsli knusprig genug ist (es sollte weder angebrannt riechen noch schmecken), das Blech aus dem Ofen nehmen und abkühlen lassen. Dabei weiter gelegentlich umrühren. Das getrocknete Obst untermischen und in einem luftdicht verschließbaren Behälter verwahren.

FRUCHTIGE FRÜHSTÜCKSTÖPFCHEN

Am besten funktioniert dieses Rezept mit einem am Vortag frisch zubereiteten Kompott Ihrer Wahl oder eingelegten Früchten, z. B. Himbeeren oder Aprikosen, die bis zum Frühstück am nächsten Tag im Kühlschrank aufbewahrt werden sollten. Wer diesen Töpfchen eine gesunde Note geben will, sollte das Joghurt nicht süßen, allerdings schmeckt es den meisten mit etwas Honig einfach besser.

Ergibt 2 Portionen

200 g Heidelbeeren
6 EL griechischer Joghurt
1–2 EL Manuka-Honig oder ein anderer flüssiger Honig
3 EL Knuspermüsli mit Manuka-Honig (siehe linke Spalte)

Drei Viertel der Heidelbeeren mit einem Schuss Wasser in einen Topf geben und köcheln lassen, bis die Früchte aufgeplatzt sind und der Saft die Konsistenz eines Sirups bekommt. Die restlichen Heidelbeeren zugeben und abkühlen lassen. Kurz vor dem Servieren Heidelbeeren, Joghurt, Honig und Knuspermüsli in zwei Gläser schichten.

KNUSPERMÜSLI MIT MANUKA-HONIG

Betrunkene Gebäckfüllung

Ich habe mich bemüht, dieses Rezept so schlicht wie möglich zu halten, da niemand gerne Jahre damit zubringt, Zutaten zu reiben oder klein zu schneiden; gleichzeitig bin ich überzeugt, dass es sich absolut lohnt, seine eigene Füllung für Gebäck oder Pasteten herzustellen.

Ein Jahr lang haltbar

250 g gemischtes Dörrobst
100 g Rosinen
100 g Sultaninen
1 mittelgroßer Apfel, entkernt und mit der Schale fein gehackt
250 g hellbrauner, weicher Zucker
125 g Rindertalg
Schale und Saft einer unbehandelten Orange
Schale und Saft einer unbehandelten Zitrone
¼ TL Zimtpulver
½ TL gemahlener Piment
etwas frisch geriebene Muskatnuss (eine Vierteldrehung mit der Mühle)
3 EL Weinbrand

Sämtliche Zutaten in einer großen Schüssel gut miteinander vermischen. In warme (aber nicht heiße) sterilisierte Marmeladengläser füllen und diese luftdicht verschließen.

Variation: Birnen-Cranberry-Pekannuss-Gebäckfüllung mit Rum

Anstelle des Apfels zwei feste Birnen wählen und den Weinbrand durch Rum ersetzen. Eine Mischung aus Mandeln und Pekannüssen untermischen und zusätzlich zu dem bereits verwendeten Dörrobst 75 g getrocknete Cranberrys untermischen.

Variation: Gebäckfüllung mit Amaretto

Wer es wirklich alkoholisch mag, sollte zusätzlich zum Weinbrand noch 1–2 EL Amaretto untermischen.

GEFÜLLTE SCHWEINEÖHRCHEN

Diese Schweineöhrchen sind etwas damenhafter als gefüllte Teigtaschen, besonders wenn sie nach einem üppigen Mahl mit Puderzucker bestreut zum Kaffee gereicht werden. Wer will, macht die doppelte Menge und friert eine Portion ein. Vor dem Servieren einfach noch einmal ganz kurz im vorgeheizten Ofen erwärmen.

Ergibt etwa 24 Stück

225 g Betrunkene Gebäckfüllung (siehe Seite 165)
425 g tiefgefrorener, fertig ausgerollter Blätterteig, aufgetaut
etwas Mehl zum Ausrollen
Puderzucker zum Bestäuben
Zimtpulver zum Bestäuben (nach Belieben)

Die Gebäckfüllung in der Küchenmaschine zu einer groben Paste zerkleinern.

Den Teig auf seinem Backpapier ausrollen und mit etwas Mehl bestäuben. Die Füllung gleichmäßig bis in alle Ecken auf dem Teig verteilen und den Teig mithilfe des Backpapiers von beiden Seiten zur Mitte hin einrollen, sodass es aussieht, als lägen zwei lange Rollen nebeneinander. Sanft etwas zusammendrücken, damit sich der Teig nicht wieder aufrollt, aber die Form gewahrt bleibt. Locker in das Backpapier einwickeln und 30 Minuten kalt stellen.

Den Ofen auf 200 °C (Gas Stufe 6) vorheizen.

Die doppelte Teigrolle aus dem Kühlschrank nehmen, aus dem Papier wickeln und mit einem kleinen, scharfen Messer vorsichtig in 1 cm breite Scheiben schneiden. Die Schweineöhrchen auf einem antihaftbeschichteten Backblech 15 Minuten goldgelb backen.

Auf einem Kuchenrost leicht abkühlen lassen und mit Puderzucker (oder einer Mischung aus Puderzucker und Zimt) bestreut servieren.

Wer die Schweineöhrchen einfrieren möchte, sollte sie zunächst vollständig abkühlen lassen und in einen Kunststoffbehälter mit Deckel füllen. Zwischen jede Schicht eine Lage Backpapier legen. Vor dem Servieren die tiefgefrorenen Schweineöhrchen ein paar Minuten im heißen Ofen erwärmen.

Dank

Ganz großer Dank gebührt:

- all den Familien und Freunden, die ihre wertvollen Familienrezepte verraten haben, den ganzen Sommer über frisch vom Topf meine Marmeladen getestet haben und mir außerdem immer wieder mit Rat und Tat zur Seite gestanden sind; dazu gehören Jenny, die Limoncello-Spezialistin, Emily Bray, Al Studd, Simon und Vanessa Baker, Penny Williams, Clare Evelyn, Melissa Clegg, Judy Snell, Isobel Sanderson, Lesley Sanderson, Delia Montgomery, Andrea Elles, Valerie Barratt, Sue Coltart, Guy Cox, Miranda Chetwode, Claire Davies, Aly Godman, Sophie Hill, Sophie Denby, Tantchen Gay, Sarah Prior, Anna del Conte, Alex Mackay, Pfarrer Kevin Menzel und ganz besonders meine Mutter, mein Bruder, Hilary James, Jen Reynolds und Tania MacCullam, die sich wirklich über alle Maßen engagiert haben;

- Claire Davies für hypergenaues Korrekturlesen;

- dem Henhurst Farm Shop für seine wundervollen Produkte, Lakeland für die Lieferung endloser Mengen an Weckgläsern und Zubehör und Emily Bray dafür, dass sie mich ihr Gemüsebeet hat plündern lassen;

- Karen Pilkington für ihre tolle Organisation, für die Erlaubnis, in ihrem Haus zu fotografieren und dafür, dass sie so eine fantastische neue Food Stylistin ist;

- meiner Mutter und Iain, die uns erlaubten, in ihrem Bed and Breakfast Bishopsdale Oast immer wieder Fotos für das Buch aufzunehmen; der prächtige Garten dort und das Gemüsebeet haben es uns leicht gemacht, wunderschöne Bildmotive zu finden;

- Kyle, die mir die Möglichkeit eröffnet hat, das Buch zu publizieren, und Jenny, meiner Lektorin, sowie Catherine, ihrer Assistentin;

- und schließlich der großartigen Fotografin Laura Hynd, der fantastischen Stylistin Cynthia Inions und dem Buchdesigner Jim Smith, durch deren gemeinsame kreative Leistung das Buch so schön geworden ist.

Register

Ahlan wa sahlan – Willkommen im orient!

Arto der Haroutunian

Zauber der orientalischen Küche

140 Rezepte aus dem Reich der Düfte und Aromen

208 Seiten mit vielen Farbfotos
Gebunden mit Schutzumschlag
Format 21 x 27 cm
ISBN 978-3-99011-019-5

Dieses Buch öffnet eine Tür zu den kulinarischen Genüssen der orientalischen Küche. Dem Leser präsentiert sich eine sinnliche Welt, eine Welt der Düfte und Aromen, ein Universum der Köstlichkeiten. Mit ausgewählten Rezepten von einem der besten Kenner des Reichs von Scheherazade, Arto der Haroutunian, und mit wunderbaren Bildern ist *Zauber der orientalischen Küche* eine einzigartige Liebeserklärung an die Kochkunst einer Region, die als Schmelztiegel verschiedener Kulturen ihren vielfältigen und kosmopolitischen Charakter bewahrt hat.

edition styria